QUE SA

Histoire
de la sémiotique

ANNE HÉNAULT

Ancienne élève de l'Ecole normale supérieure
Maître de conférences à l'Université de Paris X

Deuxième édition corrigée

9ᵉ millre

ISBN 2 13 044934 4

Dépôt légal — 1re édition : 1992
2 e édition corrigée : 1997, août
© Presses Universitaires de France, 1992
108, boulevard Saint-Germain, 75006 Paris

INTRODUCTION

I. En 1967, *Information sur les sciences sociales*[1] inaugura une rubrique sur les « recherches sémiotiques » ouverte à tous les courants qui commençaient alors à s'imposer. L'année précédente, Roman Jakobson avait suscité la création d'une Association internationale de Sémiotique, dans le cadre d'un colloque organisé à Kazimierz, en Pologne, sous les auspices de l'Unesco. A partir de 1969, la rubrique « sémiotique » disparaissait du sommaire de l'*Information sur les sciences sociales* et se métamorphosait dans la même maison d'édition en une puissante revue internationale, *Semiotica*. Il s'agissait là d'une tribune de philosophie sémiotique[2] où devaient s'exprimer des réflexions provenant du monde entier. En revanche, cette nouvelle revue n'accordait à peu près aucune place à la théorie sémiotique, qui constituait un processus d'accumulation de connaissances d'un type radicalement nouveau, dans le prolongement des travaux de linguistes comme Saussure à Paris et Genève, ou Beaudouin de Courtenay et Kruszewski en Russie.

Cette quasi-exclusion était exemplaire des difficultés de diffusion considérables qu'allait connaître (et que connaît encore aujourd'hui) la théorie sémiotique d'inspiration sémio-linguistique. Il faudrait sans

---

1. Revue publiée par le Conseil international des Sciences sociales avec le concours de l'Unesco et de la 6ᵉ section de l'Ecole pratique des Hautes Etudes.
2. On pourra se faire une idée de cette philosophie sémiotique à travers les brefs développements de quelques-uns de ses thèmes par Umberto Eco, notamment dans *Le Signe,* Labor, Bruxelles, 1988, p. 151-206.

doute tenter de rendre compte de cet état de choses. On entrerait alors dans le détail d'une histoire de la sémiotique qui se confondrait en partie avec l'histoire sociale et idéologique de ce siècle, mais on courrait probablement le risque de perdre de vue un certain enchaînement d'efforts conceptuels et de découvertes majeures où se lit l'autre histoire de la sémiotique, celle de la théorie sémio-linguistique, celle qui nous intéresse dans cet exposé.

II. Etait-il prématuré de songer à une Histoire conceptuelle de la théorie sémiotique ? Même à supposer que les décisions de Kazimierz, en 1966, se soient bornées à donner plus de visibilité internationale à un courant d'études qui avait commencé véritablement plusieurs décennies auparavant — un peu partout dans le monde au même moment — et qui donc commençait déjà à s'inscrire dans la durée historique, ces quelques années de recherches dispersées, un fragile savoir à ses débuts, méritaient-ils tant de considération ? N'était-il pas beaucoup trop tôt pour se faire une opinion sur la valeur réelle de ces si difficiles énoncés concernant les formes de la signification ? La composante la plus développée de cette théorie sémiotique, les travaux d'A.-J. Greimas et de l'Ecole de Paris, n'incitaient guère à se lancer dans un bilan d'allure historique, tant cette théorie en perpétuel devenir multipliait ses propres remises en question. *Du Sens II,* publié en 1983, ne se voulait-il pas la négation de l'autre *Du sens,* publié en 1970 ? Il concluait son introduction par : « Tout se passe comme si, certains concepts instrumentaux ayant épuisé leur valeur heuristique, un nouveau projet, la construction d'une syntaxe sémiotique modale, capable de créer ses propres problématiques et de définir des objets sémiotiques nouveaux, était déjà prêt, après dix ans d'efforts collectifs, à en prendre la relève. Qu'il s'agisse d'une crise de croissance ou d'un retournement décisif, un nouveau visage de la sémiotique se dessine peu à peu ».

La disparition d'A.-J. Greimas, en février 1992, aura arrêté cet effort théorique sur une phase de suspens assez énigmatique, ce qui, dans un sens, complique la tâche de l'éventuel historien de la sémiotique et qui, dans un autre sens, invite dès maintenant à réinterroger le passé de cette recherche, ses antécédents, ses précurseurs, afin de tenter d'élaborer, sinon une histoire de la sémiotique, en tout cas une périodisation de ses bases théoriques. Remise ainsi en perspective, l'œuvre de Greimas et de ses élèves vient s'inscrire dans une évolution de plus de cent ans à partir du *Mémoire sur le système primitif des voyelles dans les langues européennes,* publié par Saussure en 1879.

III. Nous avons cru que, même sans espérer encore aller au fond de ces événements de pensée qui ont toute l'imprévisibilité, mais aussi toute l'impérieuse nécessité des vraies percées intellectuelles, nous pourrions du moins chercher à *raconter* (en mêlant traits de biographie individuelle et perspectives sur l'histoire des idées et des groupes) la façon dont se sont forgés et enchaînés les quelques grands concepts opératoires qui ont changé tout ce qu'on savait des phénomènes de signification. Nous avons en particulier présenté assez longuement la biographie intellectuelle de Saussure, même si le rapport à la sémiotique de tel ou tel trait de cette vie de savant n'était pas immédiatement perceptible. Pourquoi ces vagabondages impurs hors de l'histoire critique de la théorisation sémiotique ? A quoi bon raconter les affres du génie méconnu par ses pairs ou contrarié par l'Histoire ? Il nous a semblé que, dans le cas d'un pareil surgissement d'idées aussi radicalement neuves, il fallait consentir à ne pas séparer les pures considérations conceptuelles de quelques anecdotes où tentaient de se dire l'inspiration et les valorisations qui

avaient été l'accompagnement passionnel des découvertes rationnelles. De même, nous avons tenté
— presque symboliquement, à l'aide de quelques pré-
cisions documentaires — de dire quelque chose des
bruits et controverses qui furent le contexte social de
ces découvertes afin que, par l'imagination, au moins,
on puisse se représenter un peu ce que fut la Belle
Epoque des idées socio-linguistiques, aux alentours de
la Sorbonne, ou la révolution d'Octobre dans la Répu-
blique des Lettres, à Moscou et sur les bords de la
Néva. Une telle mise en scène ne nous a pas paru inutile, ne serait-ce que comme compensation de la
grande aridité des mouvements d'abstraction et de formalisation dont nous avions à rendre compte.

IV. Inversement, dans ce volume, les recherches,
plus récentes, de l'école de Paris sont consignées plus
brièvement, sous la forme d'une périodisation suc-
cincte, assez conforme à celles que Greimas lui-même a
maintes fois proposées de son œuvre[1]. Nous avons pris
ainsi le parti de distinguer la mise en perspective temporelle et le débat théorique dans son actualité en
consacrant (parallèlement à celui-ci) un second « Que-
sais-je ? », intitulé *La sémiotique,* à une présentation
non pas *historique,* mais bien cette fois *systématique* de
cette discipline. C'est dans ce second ouvrage que sont
expliqués plus longuement les résultats des travaux de
A.-J. Greimas et de l'Ecole de Paris.

C'est aussi dans ce second volume qu'est posée la
question de la confrontation de la théorie sémiotique
européenne avec la recherche américaine issue de la
séméiotique de C. S. Peirce. Il semblera paradoxal, si
l'on en juge par la chronologie, que ce si grand précurseur des philosophies du signe et du sens n'apparaisse

---

1. Voir notamment *New Literary History,* vol. 20, n° 3, p. 539-550,
Baltimore, Johns Hopkins University Press, printemps 1989.

pas dans cette *Histoire de la sémiotique,* alors qu'il fut le contemporain de Saussure. La raison de cette absence est que, jusqu'à des temps très récents, les travaux de Peirce n'ont joué aucun rôle[1] dans les développements de la recherche théorique dont il sera ici question, alors qu'on assiste désormais en Europe à un début de lectures fort approfondies (voir *La sémiotique,* IIIe partie) qui pourraient bien avoir de grands retentissements dans toute la *sémio-sphère.* Inversement, la sémiotique européenne commence à franchir les barrages critiques qui lui étaient spontanément opposés aux Etats-Unis, se voit réfléchie par cette lecture transatlantique et trouve un regain d'inspiration dans les interprétations qui lui sont ainsi renvoyées. Tout ceci signifie néanmoins qu'à l'heure actuelle un exposé concernant la tradition américaine, comme d'ailleurs l'ensemble de l'atlas sémiotique, trouvait plus naturellement sa place dans une approche de la sémiotique menée d'un point de vue théorématique et synchronique que dans ce rapide essai de mise en perspective temporelle d'une ensemble théorique homogène dont on peut désormais suivre la séquence continue, sur une période d'un siècle au moins.

Nous ne nous nourrissons pas d'illusions : une véritable histoire de la sémiotique serait actuellement infaisable. Il suffit de songer à la liste de tâches et enquêtes qui lui avait été naguère assignée en préalables obligatoires par les — peut-être téméraires — éditeurs d'un recueil d'*Histoire de la sémiotique*[2]. Nous croyons cependant que le dossier que nous avons constitué,

----

1. Cette opinion est recoupée par tous les témoignages, voir en particulier ceux de Jeanne Martinet (Conférences à l'Université de St Andrews, Ecosse, 1980) ou de Sandor Harvey (*Semiotic perspectives,* Londres, 1982, p. 8).
2. Achim Esbach, Jürgen Trabant editors, *History of semiotics,* Benjamins, 1983, p. 27. Aucune de ces tâches n'a reçu jusqu'ici une réalisation satisfaisante.

selon l'ordre historique, apporte des perspectives, un éclairage nouveau et nécessaire, à ce que pouvaient déjà savoir de la théorie sémiotique ceux qui tendaient surtout à la mettre en pratique. Il fournit également une véritable introduction suivant l'ordre d'obtention des connaissances à ceux qui n'ont aucune formation en sémiotique.

Cette démarche de présentation de la théorie sémiotique selon l'ordre historique (qui n'a que peu à voir avec son histoire réelle, laquelle ne sera certainement pas écrite de sitôt) serait impensable pour une science dans sa maturité ; elle est au contraire plus que requise pour un projet scientifique encore commençant et qui n'a en vérité que très peu de traités originaux à montrer.

PREMIÈRE PARTIE

SAUSSURE ET LA SÉMIOLOGIE

Chapitre I

D'INEXTRICABLES CONTRARIÉTÉS

La pensée linguistique et sémiotique du xxᵉ siècle est largement dominée par les travaux de Ferdinand de Saussure qui, en Europe, du moins, ont entraîné une radicale révision de la méthodologie des sciences humaines. S'il est vrai que la réflexion scientifique de son temps (A. Naville, *Classification des sciences*), avec un bel optimisme hérité d'Auguste Comte, comptait déjà les « Sciences psychologiques » : *Psychologie, Sociologie (linguistique, économique)* parmi les « Sciences des Lois » qui dans cette classification constituent la Théorématique au même titre que les sciences mathématiques et physiques, Saussure fut vraisemblablement le premier théoricien capable de donner une raison d'être à cette inscription de la linguistique parmi les sciences dures. Et, à n'en pas douter, ses premiers auditeurs (par exemple Albert Sechehaye, « Les mirages linguistiques », *Journal de Psychologie,* 1930) et les auditeurs de ses auditeurs (par exemple Henri Frei, « Saussure contre Saussure ? », *Cahiers Ferdinand de Saussure,* 9, 1950) surent d'emblée que le « relativisme généralisé » du maître genevois (tel qu'il s'exprime dans le *Cours de linguistique générale*) était, authentiquement, le premier acte d'une *théorisation* véritablement rationnelle des phénomènes langagiers.

La question se posera de savoir si, après s'être élevé à cette radicale mise en perspective, Saussure parvint aussi à formuler les premières *lois linguistiques,* définies comme des énoncés de « rapports conditionnellement nécessaires » (Naville, p. 30). Est-il en cela comparable à Galilée qui fut le premier à établir le type de lois numériques constituantes de la physique moderne ? (Après lui, la majeure partie des découvertes des physiciens ne fut pendant longtemps qu'une pure et simple extension de ce type spécifique de lois.) Est-il comme Lavoisier qui fut le premier à formuler une loi donnant forme aux combinaisons des éléments chimiques, ou comme Linné qui fut le fondateur de la botanique systématique et de ses classifications ? Est-il parvenu à « individuer » la linguistique au point de lui garantir son statut de science autonome, saisissant son objet à la manière des sciences exactes ? Peut-on espérer prouver un tel accomplissement dans cette œuvre fragmentaire qu'il ne put transmettre que grâce à la ferveur d'une poignée d'élèves ? Il faudrait alors se demander également si le savoir qui s'est édifié sur ces fondements peut se prouver comme cumulatif, permettant de faire apparaître une irréversible continuité entre ceux qui, de Hjelmslev à Greimas en passant par Troubetzkoï, Jakobson et Propp, ont élaboré les théories du signe et du sens.

On aurait tort de croire que l'histoire du déploiement de ce savoir grammairien se pare de la majestueuse sérénité mise en images à la même époque, par Puvis de Chavannes, pour les murs de la Sorbonne et pour la Public Library de Boston. L'hommage à

A. Pictet (*Publications scientifiques,* de Saussure)[1] évoque plaisamment des « mêlées de cauchemar » comparables à celles qui n'ont pas cessé de se bousculer autour des commencements de la linguistique et de la sémiotique, pour en faire des zones de recherches intenses et hautement conflictuelles. En ce qui concerne la vie de Saussure lui-même, elle ne fut pas épargnée par ces inextricables contrariétés dont Saussure, en 1878, crédite les discussions turbulentes de son mentor intermittent, Adolphe Pictet, avec « *son ami, le philosophe* » (... George Sand) ; mais, dans la vie de Saussure, le Bruit et la Fureur sont soumis aux silences discrets de la bourgeoisie. Nous dirons quelques mots de ces drames personnels dont le retentissement sur l'œuvre de Saussure fut immense, avant d'exposer son *projet scientifique,* puis la manière dont cette recherche peut prétendre avoir fondé la *singularité linguistique,* c'est-à-dire l'autonomie de la linguistique comme domaine scientifique.

L'espace de ce texte ne peut, en aucun cas, être celui d'une nouvelle introduction à la linguistique de Saussure. (Il y en a beaucoup et elles ne se font pas concurrence, tant sont nombreux les prolongements de cette œuvre.) L'exposé que nous allons être amenés à faire de quelques notions centrales de la théorie saussurienne se bornera à marquer que là se trouve la porte, le point de passage obligé pour qui veut tenter de comprendre le point d'origine du vaste ensemble de recherches très nouvelles qui relèvent de la sémiotique.

En 1878, Ferdinand de Saussure soutient à Leipzig son *Mémoire sur le système primitif des voyelles dans les*

---

1. « Des mondes d'idées s'ébranlèrent de part et d'autre, revêtant [...] des formes opposées, inconciliables, et vinrent se heurter dans une mêlée qui tenait du cauchemar [...], » F. de Saussure, *Recueil des publications scientifiques,* Genève, 1922, p. 393. Ceci est la citation (1). Les citations importantes de Saussure sont ainsi numérotées de (1) à (24).

langues indo-européennes. Deux des principaux repré-
sentants de la linguistique historique et comparée,
Karl Brugmann et Hermann Osthoff, manifestent, à
l'encontre de ce travail d'étudiant doué, une vive
opposition scientifique et personnelle, et entraînent
dans leur incompréhension une large partie de la
communauté scientifique allemande. Vingt-cinq ans
plus tard, en 1903, dans un texte destiné à défendre
aux yeux de la postérité les aspects scientifiquement
novateurs de ce travail, Saussure dévoile quelques-
unes des déceptions (encore toujours aussi vivement
ressenties) dont ces deux professeurs furent pour lui la
cause. Il conclut ce texte bref, raturé et lacunaire par
une sorte de fulgurance qui est aussi une cinglante
condamnation de ses adversaires de Leipzig : (2) « Il
faut aborder la linguistique sans l'ombre d'une
observation ou d'une pensée pour placer sur le même
pied, au premier abord, un phénomène tel que la loi
phonétique — qui est un effet non observable par
l'expérience individuelle — et l'action analogique dont
chacun a conscience depuis l'enfance et par soi-même.
Montre moutonnièreté des Allemands. » Ce sont là les
derniers mots de ces « Souvenirs d'enfance et
d'études » (*Cahiers F. de Saussure,* 17, p. 25, désormais noté comme *CFS,* 17, p. 25).

Ces quelques phrases conservent la trace d'un de ces
épisodes violents et secrets dont la vie de Saussure offre
plusieurs exemples. Elles sont une illustration assez
exacte du *cas Saussure* qui est aussi le « phénomène
Saussure ». *Le cas Saussure* résume la vie d'un savant
austère que ses très discrètes notes (auto)biographiques
montrent constamment déchiré par de violents drames
secrets, en même temps qu'habité par un enthousiasme
contagieux. *Le phénomène Saussure* enregistre les avatars (disparitions et résurgences) ainsi que le rayonnement désormais indiscuté d'une œuvre qui, cependant,
est peut-être encore assez largement méconnue.

Le cas Saussure : les drames secrets
d'une vie austère (1857-1913)

Les lettres et fragments de textes autobiographiques laissés par Saussure (*CFS,* 17 et 21) — et surtout les témoignages de ses amis et de ses élèves — construisent l'image d'un savant austère voué à la recherche intellectuelle et dont l'existence se déroule entièrement dans quelques grands temples européens du savoir : après les années de formation (et notamment des études de physique et chimie en même temps que de linguistique à l'Université de Genève), la vie active de Saussure a pour cadres l'Université de Leipzig, la Sorbonne à Paris, puis l'Université de Genève. Il se trouve que Leipzig le déçoit : dès octobre 1881, il vient à Paris comme étudiant et, presque aussitôt, il accepte ses premières charges d'enseignement à l'Ecole des Hautes Etudes sans cesser d'assurer une présence active à la Société de Linguistique dont il est membre depuis 1876. Mais en 1891, il écarte l'idée de suppléer Michel Bréal au Collège de France et rentre à Genève, après ces dix ans d'enseignement, « emportant les regrets de tous ses collègues » (nomination à titre étranger dans la Légion d'honneur). Il occupe alors, à Genève, une chaire « créée exprès pour lui » (Sanscrit et langues indo-européennes) et pendant vingt et un ans, jusqu'à sa mort (en 1913), il fait chaque année un cours complet de sanscrit. A propos de ces années d'enseignement genevois, Tullio de Mauro[1] souligne (p. 344) : « Ce n'est qu'à partir de 1897, alors que commence à se créer, à Genève même, un groupe d'élèves fidèles de haute qualité, que les cours se font plus spécifiques, plus variés et plus denses. » On note cependant qu'après le Congrès des Orientalistes

---

1. Sur la biographie de F. de Saussure, voir Tullio de Mauro, *Cours de linguistique générale,* Payot, 1972, p. 319-389.

de 1894, les rapports de Saussure avec le monde extérieur deviennent rares, sa correspondance se fait lente et irrégulière, Saussure se dit atteint d' « épistolophobie ». Et ses publications, son activité scientifique apparente se tarissent également, du moins dans le domaine de la linguistique proprement dite. Il s'intéresse alors passionnément au poème épique des Nibelungen ainsi qu'aux anagrammes[1] qu'il dépiste dans la poésie homérique, puis, plus généralement, dans l'ensemble de la versification indo-européenne.

L'année 1905 voit le départ à la retraite du titulaire de la chaire de linguistique générale et d'histoire comparée des langues européennes, Joseph Wertheimer, dont Saussure, étudiant de linguistique à Genève en 1876, avait soigneusement évité les cours. Il se voit alors confier sa succession. C'est donc à ce moment-là que se trouvent réactivées et rendues publiques des intuitions de théorisation linguistique dont il parle à A. Meillet, dès sa lettre de janvier 1894 comme d'un livre à faire, commencé, nécessaire et infaisable (*CFS,* 21, p. 95) et qui, effectivement, ne sera jamais fait par lui : (3) « Tout cela finira, malgré moi, par un livre où, *sans enthousiasme ni passion,* j'expliquerai pourquoi il n'y a pas un seul terme employé en linguistique auquel j'accorde un sens quelconque. Et ce n'est qu'après cela, je l'avoue, que je pourrai reprendre mon travail au point où je l'avais laissé. » Ces pensées linguistiques

---

1. Anagrammes : les sons ou les lettres composant un nom propre chryptique se trouveraient disséminés à la surface des textes poétiques et faire apparaître ce nom serait fondamentalement nécessaire à l'intelligence des poèmes. Auguste Comte (*Synthèse subjective ou système universel des conceptions propres à l'état normal de l'humanité,* 1856) accordait lui-même une grande importance aux anagrammes. Mais s'il est vrai que de nombreux rapprochements s'imposent entre Saussure et Comte, du fait de l'énorme influence de ce dernier penseur sur toute la réflexion scientifique du XIXᵉ siècle, on aurait grand tort de sous-estimer la façon dont les chercheurs en sciences humaines de la génération de Saussure se sont libérés et démarqués du positivisme.

devaient donner la substance des trois cours (1906-1907, 1908-1909, 1910-1911) qui sont les sources du *Cours de linguistique générale* publié deux ans après sa mort par deux de ses auditeurs, Ch. Bally et Albert Sechehaye (1915), à partir de divers cahiers d'étudiants et de notes manuscrites de Saussure lui-même (dont certaines remontaient au temps de la lettre à Meillet).

Cette vie discrète de savant austère apparaît donc comme craquelée, traversée de fractures, scandée en profondeur par de violents drames secrets qu'on perçoit dans ces ruptures, ces brusques départs, et ces silences. On connaît quelque chose de la sensibilité à vif qui se manifeste de la sorte, par le petit texte que nous avons déjà cité, ces « Souvenirs d'enfance et d'études »[1]. A propos d'un cuisant souvenir d'enfance qui est aussi celui d'une véritable découverte scientifique par un enfant de quinze ans, ce texte exprime une fureur et une déception qui, en 1903, plus de vingt-cinq ans après l'événement (et malgré le détachement affiché : (4) « J'ai en sainte horreur ce genre de retours personnels sur ce qui est acquis à la science et n'a besoin d'aucun nom »), ne sont pas encore effacées : en 1872, alors qu'il était un élève redoublant par la volonté de ses parents au Collège de Genève, Saussure s'était trouvé devant l'une des exceptions de la morphologie verbale du grec ancien : (4′) « A l'instant où je vis la forme τεταχαται..., mon attention, extrêmement distraite en général, comme il était naturel en cette année de répétition, fut subitement attirée d'une manière extraordinaire, car je venais de faire ce raisonnement, qui est encore présent à mon esprit à l'heure qu'il est : λεγομεθα : λεγονται, par conséquent τε-ταγμεθα : τεταχΝται et par conséquent N = α. »

Saussure venait de découvrir la *nasalis sonans*. Trois

---

1. Dont le Pr Streitberg fut le dépositaire explicitement désigné par Saussure (*CFS,* 17, 1960).

ans plus tard, à son arrivée à Leipzig il devait apprendre avec stupéfaction (4″) « qu'une immense agitation existait depuis quelques semaines autour de la question de savoir si certains α grecs ne provenaient pas de *n*, ou si certains *n* n'avaient pas produit α. N'en croyant pas mes oreilles, puisque dans la première entrevue que j'avais avec un savant allemand, il me présentait comme une conquête scientifique ce que j'avais considéré depuis trois ans et demi comme une espèce de vérité élémentaire dont je n'osais parler comme étant trop connue probablement, je dis timidement à M. H. que cela ne me semblait pas bien extraordinaire ou neuf [...] On ne trouvera dans mon *Mémoire sur les voyelles* aucune trace... de ma connaissance antérieure à Brugmann de la nasale sonnante... ce n'était plus le moment de revendiquer une priorité non réclamée au premier moment [...] J'ai fait plus dans le *Mémoire sur les voyelles* et je me rappelle de l'avoir fait avec une sorte de déchirement qui est le meilleur commentaire des circonstances où j'écrivais. J'ai dit : *grâce aux travaux de MM. Brugmann et Osthoff nous connaissons n et r,* sachant fort bien que je n'avais eu nul besoin personnellement de Brugmann ni d'Osthoff » (*CFS,* 17, extraits des p. 18 à 24).

Commentant le relatif silence scientifique de Saussure, dans les années qui ont suivi son brusque retour vers Genève, E. Benvéniste parle de « drames de la pensée » (*CFS,* 20, p. 12) et s'efforce d'expliquer, en des termes intellectuels, le fameux passage de la lettre à Meillet du 4 janvier 1894 (3). Il est probable qu'une enquête plus approfondie sur cette vie affective secrète ainsi qu'une véritable analyse stylistique des quelques textes autographes de Saussure pourraient montrer les forces dévastatrices de ses sentiments intellectuels. Du côté des joies extrêmes, c'était l'enthousiasme d'un Rousseau : (5) « Le vénérable Adolphe Pictet, l'auteur des *Origines indoeuropéennes,* était le voisin de campagne de ma famille, pendant une partie de l'année, lorsque j'avais l'âge de douze ou treize ans. Je le rencontrais souvent dans sa propriété de Malagny près de Versoix, et quoique je n'osasse pas beaucoup interroger l'excellent vieillard, je nourrissais à son insu une admiration aussi profonde qu'enfantine pour son livre, dont j'avais sérieusement étudié quelques chapitres. L'idée qu'on pouvait, à l'aide de quelques syllabes sanscrites — car telle était l'idée même du livre et de toute la linguistique de cette époque —, retrouver la vie des peuples disparus m'enflammait d'un enthousiasme sans pareil en sa naïveté ; et je n'ai pas de souvenirs plus exquis ou plus vrais de jouissance linguistique que ceux qui me viennent encore aujourd'hui par bouffées de cette lecture d'enfance » (*CFS,* 17, p. 16).

Du côté de la sombre « passion », même les palinodies scientifiques pouvaient laisser des cicatrices : (6) « Je suis obligé de retirer plusieurs des opinions que j'ai émises dans un article [...] En particulier, la ressemblance de *ʌr* avec les phonèmes sortis du *r̥* m'avait conduit à rejeter, fort à contrecœur, la théorie des liquides et des nasales sonnantes à laquelle je reviens après mûre réflexion » (F. de Saussure, *Recueil des publications scientifiques,* p. 3. Voir aussi p. 379).

Les notes scientifiques manuscrites qui servirent à la rédaction du *Cours* ne sont pas moins conflictuelles et dramatiques : (6′) « On peut se demander s'il y a une raison suffisante pour maintenir sous ce nom de linguistique une unité factice, génératrice de toutes les erreurs, de tous les inextricables pièges contre lesquels nous nous débattons chaque jour avec le sentiment [...] » (Engler, IV, 23 et *passim,* p. 24-25), ou encore : (6″) « En reconnaissant que la prétention de Schleicher de faire de la langue une chose organique indépendante de l'esprit humain était une absurdité, nous continuons, sans nous en douter, à vouloir faire d'elle une chose organique dans un autre sens, en supposant que le génie indo-européen ou le génie sémiti-que veille sans cesse à ramener la langue dans les mêmes voies fatales. Il n'y a pas une seule observation qui ne conduise à nous pénétrer de la conviction contraire et à [...]. Le génie de la langue pèse *zéro* en face d'un fait comme la suppression d'un *o* final qui est, à chaque instant, capable de révolutionner de fond en comble le rapport du signe et de l'idée dans n'importe quelle forme de langage précédemment don-née » (F. de Saussure, Notes inédites, *CFS,* 12, 1954, p. 62). Dans la brusquerie de ce style éloigné de toute componction académique, on peut percevoir quelques traces du charme qui attachait à Saussure ses rares auditeurs et les transformait en ces disciples fervents qui surent si bien préserver cette pensée oralement transmise.

Cette passion de pensée, à l'enthousiasme conta-gieux, était inséparable d'une totale intransigeance dans l'apprentissage de la rigueur qu'il infligeait à ses étudiants. Duchosai, qui suivit ses cours en 1896-1898, note en 1950 : « Rien de moins banal que sa manière d'apprécier nos travaux. Remarquait-il telle difficulté spéciale évitée, il se montrait large d'éloges malgré une abondance de fautes. Mais l'inverse se produisait aussi, car certaines erreurs avaient le don de l'exaspé-rer. Tel jour après m'avoir dit — chose bien rare — que je n'avais fait qu'une faute dans une longue page, il m'annonça d'un ton attristé qu'il m'avait cependant marqué zéro, parce que, dans un cas inadmissible, j'avais confondu un *a* bref avec un *a* long » (Tullio de Mauro, p. 343).

A. Meillet insiste à plusieurs reprises sur la séduc-tion intellectuelle qu'exerçaient les exposés de Saus-sure où d'immenses horizons de pensée se dé-ployaient à l'occasion d'indications de détail : « Sa pensée de poète donnait souvent à son exposé une forme imagée qu'on ne pouvait plus oublier. Derrière le détail qu'il indiquait, on devinait tout un monde d'idées générales et d'impressions. »[1]

Il est toujours encore possible d' « aller à Saussure » et de recommencer à neuf une grande lecture, après Hjelmslev, Benvéniste, Jakobson, Lévi-Strauss et Greimas (pour ne citer que quelques-uns de ses grands lecteurs) : les notes manuscrites de Saussure n'ont pas vieilli, elles ne cessent pas d'offrir une lecture captivante par ce mélange de traits d'esprit, de vastes perspectives, d'aimables images-métaphores à valeur explicative et de paradoxes intenables. Nous prendrons pour exemple cet aperçu concernant l'aire sémantique des mots d'une langue (Engler, II, C.22) : (7) « Si vous augmentez d'un signe la langue, vous diminuez d'autant la signification des autres. Réciproquement, si par impossible on n'avait choisi au début que deux signes, toutes les significations se seraient réparties sur ces deux signes. L'un aurait désigné la moitié des objets [et des idées], l'autre, l'autre moitié. » Derrière cette vision absurde pour le sens commun, se profilent plusieurs idées concernant le dynamisme de la langue mais aussi celle que chaque nouvelle articulation de l'expression peut conduire à une sorte d'oubli, de perte de sens (exactement comme chaque coup du ciseau de Praxitèle, assouplissant et articulant le marbre, pourrait apparaître comme une perte de sens si on compare son Hermès, précisément trop articulé par rapport à la massive puissance symbolique de l'Aurige de Delphes).

Autre exemple de ces grands horizons de pensée inséparables pour Saussure de l'interrogation scientifique, dans l'introduction du *IIe Cours,* à l'occasion de

---

1. « Sa personne faisait aimer sa science ; on s'étonnait de voir cet œil bleu plein de mystère apercevoir la réalité avec une si rigoureuse exactitude ; sa voix harmonieuse et voilée ôtait aux faits grammaticaux leur sécheresse et leur âpreté ; devant sa grâce aristocratique et jeune, on ne pouvait imaginer que personne reproche à la linguistique de manquer de vie » (A. Meillet, cité par Tullio de Mauro, p. 336).

la réflexion sur la valeur : (8) « Cette distinction centrale [entre le synchronique et le diachronique] peut se retrouver dans d'autres domaines, mais jamais avec ce caractère de nécessité. En linguistique, on peut aller jusqu'à dire qu'au fond il y a deux sciences distinctes : la linguistique statique ou synchronique et la linguistique cinématique ou diachronique. Il est probable que dans toutes les sciences qui s'occupent de la valeur on retrouverait l'obligation plus ou moins impérieuse de classer les faits en deux séries différentes. Ainsi l'histoire économique doit être distinguée de l'économie politique. Il y a deux chaires » (*CFS*, 15, p. 69). Il est vrai que le débat sur la valeur, à l'époque où Saussure pense la linguistique, invite à de tels parallèles (des témoins rapportent le profond intérêt ave lequel Saussure suivait la controverse philosophique entre G. Tarde, auteur d'une *Psychologie économique,* et Durkheim. On trouvera des échos de ce débat dans *L'Année sociologique*), mais il n'en reste pas moins que cette manière de faire surgir l'idée générale (ici en montant en parallèle la valeur linguistique et la valeur économique) ne se retrouvera pas avec la même liberté dans la pensée plus spécialiste d'un Hjelmslev, d'un Benvéniste ou même d'un Barthes.

En revanche, Saussure lui-même, vivement conscient de la force communicative d'une telle « économie idéelle », décernera cet éloge à Pictet : (9) « Entre ses mains, un tel travail [d'étude comparée des langues] devient autre chose qu'une œuvre savante et sèche : le lecteur le plus étranger à ces études pouvait, soutenu par le souffle vivifiant qu'on y sentait partout, gravir aisément les pentes un peu rocailleuses pour s'élever avec l'auteur aux grands aperçus qui les dominent » (*Pub. Sc.,* 395-396).

Une telle manière de préserver l'énergétisme dont est susceptible l'idée pure, alors même qu'elle est la plus abstraite, n'était certainement pas non plus étrangère à

Michel Bréal, le maître qui accueillit Saussure à Paris (en automne 1880) et qui, très vite (à l'automne 1881, Saussure a alors vingt-quatre ans), sut lui confier d'importantes charges d'enseignement. Quelques passages de la leçon inaugurale de M. Bréal au Collège de France (7 décembre 1868) donnent à prendre au pied de la lettre (et non comme des fleurs de rhétorique) des formules comme : « La pensée est un acte spontané de notre intelligence qu'aucun effort venant du dehors ne peut mettre en mouvement d'une manière directe et immédiate. Tout ce que vous pouvez faire, c'est de provoquer ma pensée et cette provocation sera quelquefois d'autant plus vive qu'elle paraîtra moins explicite », ou encore dans cette même page 20 de *Les idées latentes du langage* : « Il faut que la compréhension spontanée de rapports sous-entendus ait un charme véritable pour l'esprit, puisque nous voyons des langues aussi analytiques que la nôtre assembler souvent leurs mots à la façon des composés grecs ou sanscrits » [en omettant l'expression explicite des rapports à l'aide de béquilles-prépositions comme dans *rouge-gorge,* composé possessif, ou *vermoulu (= vermi molutus),* composé de dépendance]. Chez Bréal comme chez Saussure, un bon rythme dans l'expression de l'idée, l'art de stimuler l'effort de pensée en suggérant plus qu'en ne disant, le goût des fulgurances font partie de l'essentiel. Cela dit, l'élève Saussure, devenu maître à son tour, n'épargne pas à Bréal ses sarcasmes, lorsqu'il soupçonne dans ce brio un platonisme facile, dangereux pour l'esprit de recherche : (10) « Pourquoi parler d'ellipse (comme Bréal), comme s'il y avait une norme quelconque au-dessous de laquelle les mots sont elliptiques ? [...] L'ellipse n'est autre chose que le surplus de la valeur » (Godel, *SM,* 50).

L'expression du maître de Genève ne dédaigne pas le paradoxe (il arrive à R. Godel de reprocher à Saussure « d'avoir cédé à son goût du paradoxe », *Sources manuscrites,* 247). Saussure marque-t-il par là son appartenance à une lignée d'originaux et de beaux esprits en accord avec les anecdotes qu'il rapporte sur son grand-père Alexandre de Pourtalès, dans ses « Souvenirs d'enfance » (*CFS,* 17, p. 16) ? Certaines notes de sa main trahissent une sorte de jubilation lorsque surgit le paradoxe au détour d'un développement : (11) « Après avoir bien étudié ce qui est historique, il faut oublier le passé pour étudier le synchronique. C'est un *paradoxe,* en ce sens que rien n'est plus important que de connaître la genèse de ce qui est dans une époque. Mais c'est un *paradoxe vrai,* évident, parce qu'il est nécessaire de faire abstraction <du passé>, vu la nature irréductible des deux phénomènes... » et, en conclusion de ce même mouvement de pensée, une idée nouvelle se faisant jour, il s'exclame : (11′) « Si on veut donner du phénomène synchronique une formule adéquate : opposition de son utilisée pour une opposition de sens, il faudra dire entre quelles unités il se passe [...] On verra alors une chose assez curieuse : qu'il n'y a pas une différence radicale, en linguistique, entre le phénomène et les unités. *Paradoxe !* » (*CFS,* 15, p. 66 et 67). Il faudra un bon demi-siècle à la recherche sémiotique pour dénouer le paradoxe saisi dans une telle fulgurance.

Ce goût du paradoxe n'est pas seulement un relent d'esprit du xviiie siècle chez un savant 1900. Il concerne plus profondément une aptitude à déplacer radicalement les représentations et les concepts et à se maintenir aussi longtemps que nécessaire dans une vue d'ensemble intenable, seul contre tous, de manière à laisser le champ libre à la pensée nouvelle, avec toute son étrangeté. En 1950, dans un article fort polémique contre ceux qui ne parviennent pas à s'élever à la compréhension de la pensée du « Maître » (*CFS,* 9, 1950, « *Saussure contre Saussure ?* »). H. Frei reconnaît tout de même (p. 12), à propos de la thèse de

Saussure selon laquelle les idées ne préexistent pas à leur mise en forme par la langue (cf. p. 8)[1] : « C'est aussi la plus neuve et la plus révolutionnaire de toutes ses idées, aujourd'hui encore. [Naguère Sechehaye] reconnaissait (*Les mirages linguistiques,* p. 342) qu'il est impossible de soustraire plus résolument la linguistique aux prises de l'imagination et de choquer plus directement le mouvement spontané de notre pensée. »

D'autre part enfin, cette sensibilité particulière au paradoxe provient peut-être aussi de la nature particulière de l'objet de la linguistique : le langage est une matière caractérisée par sa nature constamment double, *bifrons,* et c'est précisément de la méditation de ces dualités, et, plus généralement, des antinomies linguistiques que surgissent pour Saussure les points de vue les plus paradoxaux et les plus féconds scientifiquement.

Le phénomène Saussure

La radicale nouveauté des vues que Saussure tenta de formuler ne suffit pas à expliquer les avatars de son œuvre. De son vivant, il ne parvint pas à se faire reconnaître à Leipzig, mais fut admis immédiatement parmi les plus grands à Paris. Est-ce à dire que son œuvre réelle, sa pensée originale furent, dès lors, reconnues ? Lors d'une interview[2] citée dans *Langue française,* 63, A. Martinet devait révéler, au début des années 80, comment, jusqu'à la fin de sa vie, Antoine Meillet, le grand maître des études linguistiques en France, du début du siècle à sa mort en 1936, celui qui fut aussi pour Saussure le plus apprécié de ses correspondants, a

1. « Qu'on prenne le signifié ou le signifiant, la langue ne comporte ni des idées ni des sons qui préexisteraient au système linguistique, mais seulement des différences conceptuelles et des différences phoniques issues de ce système » (*CLG,* p. 166).
2. *Langue française,* 63, p. 68.

méconnu la percée intellectuelle que représentaient les idées du *Cours de linguistique générale.*

Malgré la publication posthume du *Cours* en 1915, le maître de Genève était très sous-estimé jusqu'en 1927. A cette date, un jeune chercheur polonais, Jerzy Kurylowicz, « retrouvait dans une langue historique, le hittite, nouvellement déchiffré alors, sous la forme du son écrit *h*, le phonème défini cinquante ans auparavant par Saussure comme un phonème sonantique indo-européen. Cette belle observation faisait entrer dans la réalité *l'entité théorique postulée par le raisonnement* en 1878 » (E. Benvéniste, *CFS,* 20, 1963). Une telle aventure scientifique qui ressemblait à celle des astronomes découvrant un jour au bout de leur lunette l'étoile dont ils avaient auparavant *calculé* la présence, sans aucun indice expérimental, devait frapper les imaginations. La découverte de Kurylowicz apportait une preuve éclatante de la possibilité et de la nécessité, pour la linguistique, d'une *théorie* au sens scientifique du terme. Lorsque Saussure avait été amené à poser *déductivement* l'hypothèse du chva (A) qui n'avait pas encore été identifié, cette même découverte avait été précisément ce qui lui avait valu les critiques les plus violentes et les plus décourageantes de la part de son contradicteur acharné, le Pr Osthoff.

A. J. Greimas a décrit la situation de la linguistique en France, après la mort de A. Meillet, comme « un vide théorique jusqu'en 1945-1947 » qui laissait tout à faire à ceux qui, comme lui-même et G. Matoré, se mirent à lire Saussure pour fonder la lexicologie (*Langue française,* 63, p. 75). Ce qui était vrai des études de linguistique française à la Sorbonne, encore largement dominées par la philologie et par le positivisme de la grammaire historique, ne l'était plus des publications consacrées par la philosophie à la linguistique puisque, à l'époque, la linguistique théorique était considérée comme une composante de la psychologie et donc de la philosophie. Un certain nombre de textes importants parurent dans le *Journal de Psychologie* entre 1930 et 1954, témoignant de la constance des préoccupations saussuriennes chez les chercheurs français, suisses, belges, danois et polonais.

D'autre part, la Société linguistique de Genève s'était lancée, dès 1941, dans la publication annuelle des *Cahiers Ferdinand de Saussure,* qui ne tardèrent pas à polariser une part importante des investigations linguistiques de l'Europe de l'Ouest. Le regain d'intérêt pour le saussurisme se traduisit alors par des recherches nouvelles pour l'établissement du texte original du *CLG*[1]. Conséquence autant que cause, cette attention aux écrits de la main de Saussure doit être reliée au rayonnement de cette pensée hors de la linguistique et notamment dans l'anthropologie structurale. Dès 1945, C. Lévi-Strauss publie *L'analyse structurale en linguistique (Word I).* Et c'est alors que, brusquement promue au rang de théorie pilote de toutes les sciences sociales, la pensée de Saussure suscite, par un effet de mode, qui culminera au début des années 70, une masse de publications bruyantes et de controverses partisanes qui, pour n'être pas toujours préoccupées de cohérence scientifique, n'en contribuent pas moins puissamment à faire lire et re-lire Saussure. Sa notoriété est alors à son comble, dans le bruit et les quiproquos. Lorsque ce phénomène circonstanciel commence à s'estomper, l'importance du théoricien genevois est désormais incontestée.

---

1. R. Godel, 1959, puis R. Engler, 1968.

Chapitre II

LE PROJET SCIENTIFIQUE

La représentation générale que Saussure pouvait avoir de son entreprise intellectuelle, sa *gnoséologie,* se traduit par bon nombre de déclarations d'intention et de jugements de valeur formulés sans équivoque. Jusque dans les crises personnelles les plus aiguës (Lettre à Meillet du 5 janvier 1894, citation 3), ces prises de position expriment une croyance indéfectible en la valeur **d'une vue véritablement théorique du travail linguistique.** Cette théorisation du linguistique en tant que tel est, on l'a vu, inséparable d'une conception plus englobante visant à assigner à cette science en train de se construire une place raisonnée dans la classification des sciences. Ceci conduit Saussure à prévoir que les questions et les résultats les plus généraux de la théorie linguistique se regrouperont dans une autre systématisation plus abstraite, **la sémiologie comme psychologie sociale** qu'il inscrit d'avance parmi les sciences théorématiques au même titre que les mathématiques.

Une vue véritablement théorique. Quel sens Saussure donnait-il au mot « théorie » ? Une note manuscrite qu'il avait rédigée à propos du livre d'A. Sechehaye, *Programmes et méthodes de la linguistique théorique (La psychologie du langage),* offre une expression aussi brève que précise de ce que Saussure entendait par ce terme : (12) « Baudouin de Courtenay et Kruszewski ont été plus près que personne d'une vue théorique de la langue, cela sans sortir de considérations linguistiques pures ; ils sont d'ailleurs ignorés de la généralité des savants occidentaux.

« L'Américain Whitney, que je révère, n'a jamais dit un seul mot sur les mêmes sujets qui ne fût juste ; mais comme tous les autres, il ne songe pas que la langue ait besoin d'une systématique. » Et plus loin, une remarque cinglante sur « les vulgarisations à prétention linguistique de Max Müller... aucune sorte de notion ni d'aspiration sérieuse vers une constitution des bases scientifiques de la linguistique » (R. Godel, p. 51).

L'éloge de Baudouin de Courtenay et de Kruszewski récuse, une fois de plus, toute problématique qui ne proviendrait pas de la technicité même de la linguistique et présente le point de vue théorique comme un mouvement inductif rigoureusement autorisé et délimité par le résultat déductif des premières démarches authentiquement consacrées au seul objet « langue » (à l'exclusion des différents objets des sciences avoisinantes, psychologie et sociologie, à l'exclusion aussi de toute considération de philosophie générale). Comme pour n'importe quelle science de la nature, la décision fondatrice est dans le choix du (ou des) concept(s) premier(s), qui délimitent le dit objet. De ces concepts fondateurs seront déduites les conditions abstraites, universelles et nécessaires, qui serviront à la définition des faits pertinents pour cette science nouvelle. Bien évidemment, les concepts premiers diffèrent radicalement d'une science à l'autre.

La réflexion scientifique ainsi conçue est certes un ensemble d'idées générales mais, parce qu'elles sont rigoureusement adéquates à un objet spécifique, ces idées ne sont pas *inventées,* elles sont *découvertes* par une sorte de soumission à l'esprit d'observation, et cela, au prix d'un travail de pensée si inimitable qu'il est d'usage de crier alors au génie. Il n'y a « théorie », à proprement parler, que lorsqu'un effort de réflexion supplémentaire est consacré à la mise en cohérence des diverses découvertes, à leur mise en système. L'éloge sans restrictions de Baudouin de Courtenay et de Kruszewski permet de penser que les deux chercheurs russes avaient ce souci de systématisation qui donne à la théorie une puissance suffisante pour prédire des faits nouveaux non encore observés (comme Saussure lui-même en donna l'exemple dans son *Mémoire*). En revanche, le faible appétit théorique de « l'Américain Whitney » condamne au disparate toute sa collecte de remarques justes, faute de cet effort vers une reconstruction d'ensemble à valeur modélisante. D'autre part, le blâme cinglant infligé à Müller confirme que le souci de Saussure est bien d'inscrire la linguistique parmi les Sciences des Lois (*alias* sciences théorématiques selon la classification Naville).

Cette aspiration à la scientificité, abstraite et déductive, est celle qui prévaut autour de Saussure, chez les divers fondateurs des sciences humaines. Ce qui impose des rapprochements, sur la base de ces parentés d'*épistémé*, et non pas, comme le voulait W. Doroszewski, en termes d'emprunts directs de Saussure à Durkheim. Cette même conception de la scientificité requise pour les sciences humaines se retrouve chez E. Goblot, dans son *Essai sur la classification des sciences* de 1898 ; elle est celle d'E. Durkheim qui rappelle dans *Les règles de la méthode sociologique* (1894) combien la sociologie doit se rendre indépendante de la philosophie et, plus généralement, de toute prénotion, afin de pouvoir « se mettre en face des faits eux-mêmes » et devenir démonstrative. Le travail sociologique ne se borne donc pas à la quête de données statistiques ou autres. Il s'efforce de constituer des séries de phénomènes et d'établir des lois, en s'appuyant sur une méthodologie explicite et objective (ici, celle des variations concomitantes).

On connaît la valeur absolue que les théoriciens de cette époque accordaient à la loi scientifique. Selon A. Naville : « Les sciences les plus rigoureuses, celles auxquelles personne ne conteste le caractère scientifique, s'occupent de la possibilité. Qu'est-ce qui est possible ?... selon les énoncés de la géométrie, par un point pris sur une droite on *peut* élever une perpendiculaire sur cette droite et on *n'en peut* élever qu'une seule. » De la même manière, en théorie politique, il devrait y avoir un théorème pour répondre à la question : « Est-il *possible* d'augmenter les attributions de l'Etat sans diminuer le rôle de l'initiative individuelle ? Il s'agit donc de déterminer les limites du possible et de l'impossible [en sachant qu'] en dessous des limites variables et indécises, il y a des limites fixes et rigoureuses : impossible que $2 + 2 = 9$, que les proportions de l'oxygène et de l'hydrogène se modifient dans la synthèse de l'eau. Ces limites impossibles à franchir, pour quiconque, toujours, partout sont les Lois... Les lois ne souffrent pas d'exceptions » (extraits des p. 12-14, 30 de *La nouvelle classification des sciences*). La nature logique de la loi est celle « d'un rapport conditionnellement nécessaire : tel premier terme étant posé, [...] il est nécessaire que tel second terme se produise aussi ».

Le contenu assigné par le *CLG* au mot Loi est bien de cet ordre : (13) « < Sans vouloir épuiser la notion de loi, il est certain que le terme de loi appelle deux idées > :

1° Celle de la régularité < ou ordre > d'une part ; et

2° Celle de son caractère impératif, d'une nécessité impérative » (Engler, I, 1525). Ou encore (Id., IV, 3310, 8) sous le titre de « Lois », Saussure reprend dans une brève note de travail la terminologie exacte de Naville : (13′) « Lois : 1° Les lois universelles de la langue < qui sont impératives > (théorématique) ; 2° Les "lois" phonétiques ! Aucun droit à ce nom ; 3° Les lois idiosynchroniques, non impératives. Nous ne faisons point de haute philosophie sur le terme de loi, nous le prenons tel que le donne l'usage commun, le sens de tout le monde. »

Quel lien faut-il établir entre lois et théories, selon ce même usage commun ? Une théorie en elle-même n'est pas une loi. Elle peut être refusée en tant que représentation explicative alors qu'une loi ne peut pas être refusée. Mais la découverte de lois nouvelles est souvent due à la formulation de théories pour expliquer des lois déjà connues. Les théories sont des représentations — souvent moins abstraites et plus familières — qui ont pour fonction de synthétiser virtuellement un grand nombre de données en les englobant dans un schéma d'ensemble.

Les sources manuscrites du *CLG* emploient fréquemment le mot de « théorie », ce qui permet d'évaluer son importance pour Saussure. Quelle est sa fréquence dans le *Cours* tel qu'il nous est parvenu ? *Zéro,* à en croire l'index de l'édition T. D. M., lequel comprend d'abondantes références à « Loi », « Système » et à d'autres termes du même champ. (D'autre part, le *Lexique de la terminologie saussurienne* de R. Engler n'a pas non plus d'entrée « Théorie ».) Cependant, il est nécessaire de restituer ce terme à peu près systématiquement dans chaque occurrence du mot « linguistique » : au moment où Saussure élaborait ses vues, la théorie linguistique n'existait pas encore, à ses yeux, mais il entendait bien la construire. Il faut donc restituer aux emplois de « linguistique » dans le *Cours,* leur valeur dynamique, ils désignent une science encore à construire, une théorie en train de se formuler. « La linguistique » chez Saussure signifie soit « la théorie linguistique » soit « le linguistique », c'est-à-dire le domaine que cette théorie se donne pour objet.

(13) « **Une science qui étudie la vie des signes au sein de la vie sociale ;** elle formerait une partie de la psychologie sociale : nous la nommerons sémiologie. » L'apparition

du terme de sémiologie dans le *CLG* (p. 33) est fort énigmatique par cette inclusion dans le domaine de la psychologie d'autant plus que, dans quelques-unes de ses notes, Saussure présente plutôt la sémiologie comme *un lien entre psychologie et linguistique* et que les critiques qu'il a formulées contre le livre de Sechehaye (Godel, p. 52 ; Engler, IV, p. 43) préviennent avec vivacité contre la subordination du linguistique au psychologique. D'autre part, pour le sens commun (lequel, en l'occurrence, enrôle aussi pas mal de spécialistes de ces disciplines)[1], la psychologie est, par définition, non sociale, parce qu'elle suppose la notion de sujet individuel, de sujet considéré en dehors de ses déterminations sociales et dans sa dimension strictement personnelle. On trouve cette acception chez Goblot qui oppose psychologie et sociologie comme « vie psychique individuelle et vie sociale » (1898).

De son côté, le fondateur de la sociologie scientifique, E. Durkheim, s'efforce de penser la hiérarchisation entre les deux disciplines, dans un article de la *Revue de Métaphysique et de Morale* (mai 1898), « Représentations individuelles et représentations collectives » (p. 273-302). Il admet que si, par psychologie, nous entendons psychologie individuelle, on ne peut plus considérer l'étude du social comme une psychologie appliquée. Par une première comparaison avec le rapport tout-parties dans la vie organique, il montre comment les propriétés de la vie ne peuvent en aucun cas être étudiées dans ses constituants élémentaires et soutient qu'il en va de même pour les faits sociaux considérés par rapport aux individus. Une deuxième comparaison, cette fois entre psychologie et sociologie, conclut à une autre analogie : de même que

---

1. « Quand nous disons psychologie tout court, nous entendons psychologie individuelle et il conviendrait, pour la clarté des discussions, de restreindre ainsi le sens du mot. La psychologie collective, c'est la sociologie tout entière. Le mot de psychologie a toujours désigné la science de la mentalité chez l'individu » (E. Durkheim, art. cité).

la pensée d'un individu a pour substrat l'ensemble de ses cellules nerveuses sans toutefois que ses représentations dérivent directement d'un certain état desdites cellules (les représentations résultent de synthèses originales), de même les faits sociaux ne peuvent pas être considérés comme directement produits par les consciences individuelles ; ils s'imposent à l'individu et le contraignent. On peut certes affirmer que la conscience sociale dépend du nombre et de la disposition des éléments individuels mis en contact, mais précisément à la suite de ce contact même des représentations se dégagent et se combinent de façon autonome. On retrouve par conséquent, dans la vie sociale, des attributs constitutifs de la vie psychique individuelle, mais ils s'y trouvent « élevés à une bien plus haute puissance et de manière à constituer quelque chose d'entièrement nouveau ». Pour Durkheim donc, les représentations dont est faite la vie sociale sont des synthèses originales et la science qui sera amenée à les décrire, même si elle est encore appelée « psychologie », sera nécessairement d'un type nouveau, très distinct de la psychologie individuelle.

Est-ce à cette espèce de « représentations » (avec tout ce qu'elles comportent encore d'intériorité psychologique) que pensait Saussure lorsqu'il proposait de considérer la sémiologie comme une partie de la psychologie sociale ? Il n'a jamais manqué une occasion d'affirmer la dimension sociale de la langue. Croyait-il que l'étude systématique des langues permettrait de cerner en quelque manière ces « représentations, ces synthèses originales », produits de la vie sociale auxquels Durkheim proposait de donner droit de cité ?

Saussure s'est parfois prêté au jeu des reconstitutions historiques et a accepté de demander à un état de langue donné des témoignages archéologiques sur le mariage indo-européen (*OS*, 480) ou sur l'agriculture des anciens Aryas (*OS*, 400) et donc plus généralement sur les mises en scène du quotidien. Mais il ne dissimule pas sa condescendance (*CLG,* 304-312), l'exercice, borné à quelques remarques de bon sens sur le lexique, lui paraît vain, voué à la petite curiosité, au savoir anecdotique. Ce n'est sans doute pas dans cette direction qu'il faudra chercher à se représenter « la psychologie sociale » selon le Maître de Genève.

Dans sa réflexion sur « la carte forcée », sur les contraintes que l'institution-langue fait peser sur les individus, et surtout sur les facteurs du changement linguistique (*CLG,* p. 108-112), que nul ne saurait gouverner, Saussure représente le social comme une pesanteur, active par sa seule masse et soumise à une autre pesanteur, le facteur Temps. Aucun de ces acteurs n'est soupçonnable d'être doté d'un psychisme individualisé et s'il y a création continuée dans la langue, elle a l'allure des dépôts glaciaires, « de ces grandes moraines qu'on voit au bord de nos glaciers, tableau d'un prodigieux amas de choses charriées à travers les siècles » (Première Conférence à l'Université de Genève, 1891 ; Engler, IV, 3281, p. 5).

Les sédimentations enregistrées au fil du temps par le système de la langue n'ont pas l'aspect figuratif de « représentations collectives », nul « génie de la langue » n'est là pour les normer, elles ne peuvent pas être décrites selon l'idéologie euphorisante d'une croyance au progrès continuel dans l'hominisation (entre les sociétés primitives à faible outillage conceptuel et les sociétés évoluées plus riches de la sédimentation, de la mise en mémoire collective d'innombrables expérimentations conceptuelles — ce thème de recherche a fait l'objet d'articles de Durkheim et Mauss dans *L'Année sociologique*). Les inventions sémiologiques de la langue au cours des millénaires (qu'avant Saussure on décrivait en termes de dégradation et d'altération du bel édifice initial sans doute en souvenir des complexités latines et grecques) prennent l'allure aléatoire du

33

clinamen de Lucrèce. N'oublions pas que « la suppression d'un *o* final est, à chaque instant, capable de révolutionner, de fond en comble, le rapport du signe et de l'idée dans n'importe quelle forme de langage précédemment donnée » (*CFS,* 12, 64).

Et cependant ces relations d'incertitude liées au passage du temps (phénomènes donc diachroniques) sont ressaisies à un niveau moins superficiel par le fibrage logique de la langue. Ce fibrage constitue un code profond, peu soumis au changement, garantissant la continuité de la communication langagière tandis que se jouent à un niveau codique plus superficiel les expérimentations du changement. C'est ainsi que le code profond incarne une résistance au changement et constitue précisément le cadre rendant possibles les variations superficielles des codes plus visibles. On observera, par exemple, que si la manière d'exprimer le pluriel a changé du latin au français, la place du pluriel dans l'économie générale de la langue n'a pas changé en même temps. La composante profonde, plus abstraite, du code se maintient quand les conventions plus superficielles changent. Il faudrait sans doute parler ici de longues durées comme Braudel et supposer que ces grandes catégories, intactes depuis des temps immémoriaux, sont une sédimentation qui a pu se travailler elle-même, au contraire des moraines brutes des changements diachroniques, qu'elles sont la vraie créativité de la langue, laquelle produit des formes imprévisibles susceptibles de défier le temps exactement comme le charbon, le pétrole et le diamant se sédimentent en des gisements d'une imprévisible richesse. « Trésor » (*CLG,* 30), « cristallisation sociale » (*CLG,* 29) sont les termes par lesquels Saussure désigne cet aspect quasiment géologique du fonctionnement de la langue. (L'image de la créativité de la sédimentation langagière se retrouve, mais dans une perspective bien différente, chez Merleau-Ponty [1945, 221] : « Seule de toutes les

34

opérations expressives, la parole est capable de se sédimenter et de constituer un acquis intersubjectif. »)

Tout se passe donc comme si ces accumulations d'expériences sociales d'une durée infiniment longue se transmutaient — étrange alchimie — en suppléments d'articulations logiques, produisant une Raison particulière, sujet du rationalisme linguistique, objet en dernier ressort de la sémiotique. Il serait évidemment intéressant de s'interroger sur les parentés de la raison linguistique avec la raison de philosophes et avec celle des savants. Mais c'est là précisément le type de questions pour lesquelles la théorie sémiotique se déclare incompétente et qu'elle abandonne à la philosophie.

Saisies donc, cette fois, d'un point de vue synchronique, ces sédimentations apparaissent comme des « forces qui sont en jeu d'une manière permanente et universelle dans toutes les langues » (*CLG*, 20). Ces « forces » (noter la valeur dynamique et éventuellement figurative de ce terme au lieu du mot « rapport », beaucoup plus abstrait) peuvent être à leur tour considérées comme l'expression de l' « esprit collectif ». C'est donc plutôt du côté de la mise au jour et de l'exploitation de ces gisements de sens non figuratifs que nous rechercherions, en dernier ressort, la psychologie sociale de Saussure. Dans ces conditions, une des tâches assignées à cette « psychologie sociale » qu'est la sémiologie serait bien de mettre au jour ces relations constantes et universelles qui sous-tendent les significations (sans chercher à prendre davantage parti sur leur caractère inné ou immémorialement acquis et fixé).

La schématisation de Saussure concernant la créativité sémiotique du corps social est donc bien moins anthropomorphique, moins psychologisante que celle de Durkheim. Ce mouvement de dépsychologisation des explications jugées recevables s'observe tout particulièrement à propos de la question des associations par ressemblance ou par contiguïté (*CLG*, p. 170 à 180) qui devait connaître un tel succès dans sa version réexploitée par Roman Jakobson (à propos de l'aphasie et de la poésie) et réintroduite en psychanalyse par Jacques Lacan (« Le désir métonymique »). E. Durkheim présente longuement ces associations dans l'article que nous avons cité. La comparaison entre la formulation de Durkheim — encore prisonnière de la vieille problématique de la psychologie traditionnelle, celle des rapports réciproques de la pensée et du langage — et la phraséologie de Saussure, en termes stricts de groupes associatifs et de syntagmes, qui sont les premiers éléments d'un vrai métalangage, permet de mesurer le déplacement théorique réalisé par le fondateur de la linguistique.

A. J. Greimas, dont l'ensemble de l'œuvre témoigne d'une forte lecture de Saussure, pose, dans *L'Actualité du saussurisme* (1956), la question de la psychologie sociale. Le sémioticien reconnaît à C. Lévi-Strauss et à M. Merleau-Ponty le mérite d'avoir contribué à l'édification de ce savoir nouveau et paradoxal d'une psychologie non psychologique mais déplore aussi (p. 200) que M. Merleau-Ponty ait sous-estimé « le côté proprement social des problèmes : comportements moyens et structures collectives au profit de l'individuel, de l'anormal, du créateur ». Cette simple remarque rend un son très neuf ; c'est probablement une des premières fois que se trouve clairement formulée, dans la pensée littéraire française, cette attention à l'institutionnel, au stéréotypique, au codé, aux automatismes des représentations qui, depuis le début du siècle, en Russie, avaient retenu l'attention de ceux qui allaient développer les recherches dites formalistes. Nous aurons l'occasion de montrer comment ce point de vue nouveau sur le banal, le lieu commun, décidera de l'existence même de l'entreprise sémiotique, laquelle aura bientôt par conséquent le droit de présenter les résultats de ses recherches comme d'authentiques contributions à la « psychologie sociale ».

Chapitre III

LA SINGULARITÉ LINGUISTIQUE

> (14) « Quelques vérités qui se re-
> trouvent [ ]. Ne parlons ni
> d'axiomes, ni de principes, ni de
> thèses. Ce sont <simplement et>
> au pur sens étymologique des apho-
> rismes, des délimitations. [ ]<mais
> [b]> des limites entre lesquelles se
> retrouve constamment la vérité,
> d'où que l'on parte [ ]. »
>
> F. de Saussure, N. 19 ; Engler, IV, 42.

Saussure est-il parvenu à fonder une scientificité nouvelle, en prenant pour objet « la langue », telle qu'il la définit comme cet « ordre intérieur du langage » : (15) « La langue est un tout en soi que l'on peut classer. On peut donner à cette unité, *la langue,* la place prééminente dans les faits du langage ; et ainsi sans que le langage soit classable, on aura un ordre intérieur dans le langage en y faisant tout dépendre de la langue » (Engler, I, D 172, p. 32) ? Peut-on dire que son projet scientifique de créer un changement irréversible dans la manière de traiter les faits de langue s'est réalisé ? Saussure aura-t-il été l'Ampère, le Newton ou l'Einstein des sciences du langage ? Y a-t-il eu une révolution saussurienne ?

Telle qu'elle nous parvient, l'œuvre de Saussure prévient une fois de plus toute réponse tranchée à de telles questions : Saussure préfère toujours l'interrogation complexe à l'affirmation catégorique, et il choisit de transmettre la masse de ses découvertes, dans leur état, contradictoire à ses yeux, plutôt que de se risquer sur la voie d'une systématisation prématurée (voir l'aphorisme ici placé en épigraphe, citation 14).

Il faudra, d'autre part, distinguer deux grandes catégories parmi les chercheurs qui se sont posé la question de la scientificité du saussurisme. Il y a les épistémologues qui sanctionnent le travail fait, et les producteurs qui le prolongent. Ces derniers ont perçu dans les énoncés de Saussure une « potentialité heuristique » (A. J. Greimas, in *Retour à Saussure* de C. Zilberberg, 4) et ont prouvé cette potentialité en la faisant passer du stade virtuel au stade réalisé : lorsque, à partir de la fin des années 60, A. J. Greimas propose les premières notations d'allure algébrique ainsi que le premier véritable « modèle » sémiologique (le carré sémiotique), il s'inscrit dans l'exact prolongement du projet saussurien. En effet, si on n'est pas totalement assuré de trouver chez Saussure une Théorie ou des Lois au sens de l'épistémologie physique de son temps, s'il n'y a pas non plus dans cette œuvre de « modèles » ou de saisie algébrique (avec mise en formules et équations) des résultats, on y trouve néanmoins l'annonce du moment où tout cela existera : (16) « Il arrivera un jour (et nous sommes absolument conscients ici de la portée de cette affirmation), où on reconnaîtra que les < valeurs et [b] > quantités du langage et leurs rapports sont < régulièrement > exprimables dans leur nature fondamentale par des formules mathématiques » (Engler, IV, N. 10, p. 22).

Mais s'il est vrai que la recherche créative a ainsi prouvé le mouvement en marchant (et ce sera l'objet de notre troisième partie que de montrer jusqu'où elle a pu déjà s'aventurer) l'évaluation-sanction des épistémologues mérite également qu'on s'y arrête et qu'on en dise, maintenant, quelques mots. (Cet exercice se trouvera forcément très limité par les dimensions modestes de cet ouvrage et les propositions que nous serons nous-même tentée de faire auront à trouver ailleurs leurs vrais développements.)

R. Amacker (*Linguistique saussurienne*, 1973) suggère de voir dans le saussurisme un « formalisme faible » (p. 11-12) en montrant les limites aisément repérables des tentatives de Saussure sur la voie des notations de type mathématique. S'appliquant à Saussure, cette notion de « formalisme faible » est doublement anachronique : *prématurée,* par rapport au degré d'avancement de sa recherche qu'il évaluait lui-même avec la dernière sévérité (Lettre à Meillet de 1894, citation (2) ici même, et *passim* dans l'ensemble de ses notes manuscrites) et tributaire d'une *vision rétroactive* de l'Histoire car le formalisme dans les sciences humaines fut largement un produit, une conséquence du saussurisme. Il n'y a pas chez Saussure un « formalisme faible », mais bien plutôt un préformalisme, une attente de formalisme, une réflexion toute disposée pour que soit possible, un jour, la formalisation de véritables calculs linguistiques. (Ce que d'ailleurs R. Amacker ne méconnaît pas dans cet ouvrage extrêmement détaillé.)

De son côté, C. Normand, dans un important article de 1970, s'interroge sur l'opportunité d'employer à propos de Saussure le concept althussérien de « coupure épistémologique », tel qu'il a été réélaboré par M. Fichant et M. Pêcheux. Cette réflexion se situe dans le prolongement des observations de G. Bachelard sur la « rupture épistémologique » et s'inscrit explicitement dans une « sensibilité » épistémologique de type historico-critique, qui fait également référence aux travaux de G. Canguilhem. Après avoir patiemment démonté les diverses opérations cognitives de nature souvent contradictoire transcrites par un chapitre-échantillon du *CLG,* C. Normand conclut (p. 44) à la probable réalité d'une coupure épistémologique opérée par le saussurisme : « S'il y a coupure épistémo-logique, elle se situerait donc dans l'élaboration du concept de valeur dans la mesure où ce concept se rat-tache à tout un corps de postulats : distinctions diachronie-synchronie et langue-parole, définition de la langue comme système. » Vingt ans après, il est devenu possible, grâce à la publication de nouveaux inédits de Saussure (Engler, 1968-1974) et grâce au développement et à la diffusion d'autres explorations épistémologiques (E. W. Beth, J.-C. Pariente), d'op-poser quelques objections à cette conclusion, en guise de point de départ pour une nouvelle appréciation de la rationalité saussurienne.

— Pourquoi privilégier le concept de valeur au sein d'un paquet d'énoncés auxquels Saussure accorde une importance également remarquable et qui pourraient bien être ces « vérités », ces « délimitations » entre les-quelles il entend « retrouver la vérité » (citation 14) ? Ne vaudrait-il pas mieux procéder au dénombrement de ces vérités et à leur hiérarchisation ? Ceci pour met-tre fin à ces irritantes énumérations *pêle-mêle* de concepts saussuriens, notamment dans les digests anglo-saxons.

— Pour opérer la représentation de cette dynamique conceptuelle, il serait nécessaire de faire appel à une pro-blématique, moins catégorisante et plus développée que celle de « coupure épistémologique ».

Avant de tenter d'extraire de la masse du *CLG* une première liste de çes « vérités », « de ces limites entre lesquelles se retrouve constamment la vérité, d'où que l'on parte », rappelons que Saussure avait le grand souci de montrer aux linguistes non scientifiques à quelle sorte de pratiques et d'agissements ils avaient l'habitude de se livrer : « leur montrer *ce qu'ils font* » (Lettre à Meillet, 1894, citation 3) et : (17) « Ce sera un sujet de réflexion philosophique pour tous les temps que, pendant une période de cinquante ans, la science linguistique, née en Allemagne, développée en Allemagne, chérie en Allemagne par une innombrable catégorie d'individus, n'ait jamais eu même la velléité de s'élever à ce travail d'abstraction qui est nécessaire pour dominer d'une part *ce qu'on fait,* d'autre part en quoi ce qu'on fait a une légitimité et une raison d'être dans l'ensemble des sciences [...] » (*CFS,* 12, p. 59). Cette insistance sur le *faire* mérite que l'on ne néglige pas de donner un sens plein à ces expressions, Saussure entend demander des comptes sur le *faire* scientifique des autres linguistes (et sur les bases épistémologiques de ce faire à l'exclusion de toute interrogation métaphysique).

Quel est le statut de ses propres énoncés premiers dans ce contexte de pensée ? (18) « Tracer les bases de l'édifice », étudier (18′) « les fondements du langage », (Engler, IV, 43) « par un effort personnel très indépendant et très prolongé » sont de ces actes méritoires dont Saussure aimerait bien pouvoir louer Albert Sechehaye mais il est vrai aussi que cet effort est (18′) « uniquement possible à condition de pouvoir réunir à des connaissances linguistiques <une réelle pensée [b]>, <[un réel] pouvoir philosophique, ou plutôt une éducation en plusieurs disciplines extérieures à la linguistique qui a manqué à [ ][b]> ». Le texte ne dit pas explicitement que ces projets et ces connaissances appartiennent en tout cas à celui qui s'exprime ainsi mais il est clair qu'il s'accorde ce crédit et que les quelques énoncés-délimitations-vérités qu'on doit mettre à part dans le corpus des textes saussuriens se situent dans cette recherche des bases, des fondements. La liste que nous en proposons est provisoire et intuitive, résultant de la lecture croisée de divers commentaires extensifs (Amacker, Tullio de Mauro, Godel) et des textes autographes de Saussure (*Œuvres scientifiques* et édition Engler du *CLG*). Il s'agit donc d'une doxographie, élaborée à partir d'autres doxographies en un moment intermédiaire où la sémiotique serait déjà capable d'élaborer une lecture autrement plus systématique et plus fiable de la masse de papiers laissés par Saussure — mais ce travail n'a pas encore été fait et la plupart des concepts fondamentaux du *CLG* gardent bien des aspects encore incernables.

Ces énoncés fondamentaux peuvent être présentés comme les réponses à une batterie de questions telles que :

Qu'appelle-t-on « Langue » ? Un langage doté de propriétés particulières.

Qu'est-ce qu'un langage ? « Ce qui se produit lorsque l'homme essaie de signifier sa pensée au moyen d'une convention nécessaire » (19) (Engler, IV, 3342, 1).

Quelles sont les propriétés communes à tous les langages ? Différentialité et systématicité, institution plus ou moins arbitraire des signes, caractère double face des signes.

D'où les quatre énoncés suivants qui sont indissociables et dont on notera l'abstraction, c'est-à-dire l'absence totale de considérations psychologiques ; ces énoncés énumèrent des propriétés premières de l'objet-langue dont ils prétendent donner une première définition :

(1) « Dans la langue, il n'y a que des *différences* sans termes positifs » (*CLG*, 166).
(2) « La langue est un *système* » (*CLG*, 107).
(3) « Le signe linguistique est *arbitraire* » (*CLG*, 100).
(4) Quel que soit le point de vue adopté, « le phénomène linguistique présente perpétuellement deux *faces* qui se correspondent et dont l'une ne vaut que par l'autre » (*CLG*, 23)[1].

On observera que ces énoncés ne sont pas d'une application restreinte aux seules langues naturelles. En réalité, ils sont vrais pour tous les systèmes de signifi-

1. Nous n'allons pas tenter de paraphraser le *Cours* qui est assez explicite sur ces notions et pour lequel un appareil de notes comme celui de Tullio de Mauro fournit un considérable complément d'informations. Nous renvoyons donc à l'édition Payot, 1972, pour les développements érudits concernant ces quatre énoncés que nous supposerons connus selon l' « exégèse » existante.

cation, mais avec des modulations. On peut avoir, par exemple, le sentiment que l'arbitraire est moins vérifié dans le cas des images et surtout des photographies : la première sémiologie de l'image (Barthes, 1961 et 1964) parlait de l'image comme d'un *analogon* ressemblant à ce qu'il représente et donc lié à sa signification par une relation non arbitraire.

Par conséquent, tous ces énoncés ont pour effet d'inscrire la linguistique dans un **ensemble** plus vaste **(A)** reliant les entités qui ont en commun ces propriétés. Ce qui a pour résultat de permettre de saisir parmi d'autres et donc comme un tout, comme une unité, le phénomène « langue », cet « ordre intérieur du langage » que toute autre approche (et en particulier celle des grammairiens traditionnels) ne pouvait apercevoir que comme une pluralité, une collection non ordonnable de données hétéroclites. La langue devient une sémiotique particulière, à côté du langage des images, de celui des sourds-muets ou de tant d'autres systèmes de signification conventionnels. Ce premier mouvement est une opération de généralisation singularisante, *généralisation,* parce qu'elle déborde la langue pour l'inscrire dans un ensemble plus vaste auquel elle appartient, *singularisante,* car il s'agit d'une liste de propriétés qui concernent exclusivement les divers langages et qui en donnent une définition abstraite dont l'adéquation se vérifie ou s'invalide par les prolongements du travail.

L'opération suivante (complémentaire et indissociable de la première) consiste à répondre à une nouvelle question : quelles sont les propriétés spécifiques de la langue comme langage ?

Ceci revient à poser des **opérateurs d'individualisation (B)** qui, au sein de cet ensemble, différencient, délimitent la langue en tant que sémiotique spécifique. Nous avons vu comment une modulation sur l'arbitraire pouvait le faire fonctionner comme varia-

ble individualisante : supposons, par exemple, un système pictographique où les unités sont des formes
individuées, considérées comme reconnaissables par le
consensus socioculturel du public. Ainsi, par exemple,
une série de dessins servant à distinguer l'un de
l'autre des bureaux d'enfants, un hérisson, un bambi,
une fraise... Dans le vert paradis des sensibilités
enfantines, chacun des signes d'une telle série est
pourvu d'une valeur positive, partiellement indépendante, entraînant un choix quasiment totémique de la
part du bambin — et, dès lors, il n'y a plus non plus
beaucoup d'arbitraire (modulation sur énoncé (3),
p. 42). Ce système pictographique, s'il est encore un
objet possible de la sémiologie au sens saussurien, est
jugé moins arbitraire que la langue, laquelle a pour
trait caractéristique d'être totalement arbitraire.

Cependant, de nouveaux critères qui ne figuraient pas
dans ce premier ensemble d'énoncés interviennent pour
distinguer la langue des autres sémiotiques vraiment
conventionnelles. Saussure a mentionné la **linéarité** de la
langue par opposition au caractère planaire des sémiotiques visuelles (images, tableaux, signaux routiers, cartes
et plans). Ce premier critère n'est qu'un exemple repéré
par nous chez Saussure et destiné à faire marcher la ma-
chine logique de /généralisation singularisante *vs* singu-
larisations en chaîne/ qui nous paraît caractéristique de
la démarche de Saussure en ce point mais le Maître de
Genève, ici encore, ouvre le champ à la recherche future,
sans pouvoir préciser davantage ce qu'il aperçoit et
notamment sans pouvoir énumérer tout au long ces sin-
gularités : (20) « Le premier caractère (universel du langage est de vivre au moyen de différences et de différences seules, sans aucune mitigation comme celle qui
proviendrait de l'introduction) d'un terme positif quelconque à un moment quelconque. (Toutefois) le second
caractère est que le jeu de ces différences est < à chaque
moment > excessivement restreint comparativement à

ce qu'il pourrait être. Trente ou quarante éléments. Nous voulons exclusivement dire par là : la somme de différences qu'on peut obtenir au moyen de 30 ou 40 éléments. Que ces éléments ne puissent pas valoir par eux-mêmes, c'est l'axiome. Trente ou quarante éléments en font tous les frais sauf grande exception. Or rien de ce qui dépasse les 30 ou 40 entités n'a d'intérêt pour la langue. Dès lors on [ ] » (Engler, IV, 3342, 3). Avec ces quelques mots si abruptement interrompus, Saussure trace les programmes futurs des recherches sémiotiques.

Mais pour en revenir au corps d'énoncés fondamentaux que Saussure a effectivement légués comme des données premières de la sémio-linguistique, on peut affirmer également que Saussure avait conscience de la dénivellation logique que nous venons de montrer entre les divers concepts indissociablement constitutifs de la théorie :

1894 : (21) « Les deux choses, une bonne généralisation sur le langage, qui peut intéresser qui que ce soit, ou une saine méthode à proposer à la grammaire comparée pour les opérations précises de chaque *[jour] sont en réalité la même chose » (Engler, IV, 3297).

1908 : (22) « Bien avant la linguistique, toutes les sciences sociales, du moins toutes celles qui s'occupent de la valeur, sont, elles aussi, parfaitement réductibles en dernier ressort à la psychologie ; ce qui n'empêche pas qu'il y a une énorme ligne de démarcation entre la psychologie générale, et ces sciences, et que chacune d'elles a besoin de notions que ne fournissait pas la psychologie générale même collective [ ] /.../ le but serait de fixer le champ de l'expression, et d'en concevoir les lois, non dans ce qu'elles ont de commun avec notre psychisme en général, mais dans ce qu'elles ont au contraire de spécifique et d'absolument unique, dans le phénomène de la langue » (Engler, IV, 3330). [On notera au passage la généralité du concept de *valeur* lequel, selon Saussure, est lui-même susceptible de délimiter une classe au sein des sciences sociales.]

Ces représentations d'ensemble d'une théorie en termes de dénivellations logiques sont reprises par l'épistémologie contemporaine, à la suite de E. W. Beth, lui-même tributaire des mathématiciens contemporains de Saussure, G. Péano et A. Padoa (cf. A. Padoa, *Essai d'une théorie algébrique des nombres entiers,* précédé d'une introduction logique à une théorie déductive quelconque, Bibliothèque du Congrès international de Philosophie, 3, 1900). De nos jours, la caractérisation d'une théorie scientifique (déterminant son aptitude à cerner la singularité de l'objet qu'elle s'est donné) comporte la donnée de trois éléments :

— un espace d'état qui spécifie la sorte de systèmes auxquels la théorie s'applique (notre A) ;
— un ensemble d'énoncés élémentaires portant sur des grandeurs variables (notre B) ;
— une fonction de satisfaction qui représente le lien que la théorie établit entre ses modèles mathématiques et les résultats expérimentaux empiriques[1].

Appliquée au *CLG,* cette formulation montre que Saussure a certainement parcouru les deux premières étapes dans son mouvement de fondation de la linguistique comme science autonome[2], laissant à ses émules, linguistes et sémioticiens, le soin de pourvoir à la troisième, ce qui est très largement commencé avec les travaux de la sémiotique européenne.

Le langage et l'individuel de J.-C. Pariente (1973) représente une des premières tentatives d'application

---

1. J. Leroux, article « Théorie » du *Dictionnaire des notions philosophiques,* PUF, 1990.
2. Avec cette restriction que les théories logiques et mathématiques sont des ensembles d'énoncés portant sur un objet déterminé, dont tous les modèles sont isomorphes (canoniques car ayant la propriété de catégoricité). La théorie linguistique n'est pas dans ce cas.

de vues de ce genre à l'épistémologie des sciences humaines. A propos notamment d'*Un souvenir d'enfance de Léonard de Vinci* (Freud, 1910) et de l'étude consacrée par W. Christaller à la répartition des villes en Allemagne du Sud (Iéna, 1933), l'auteur montre comment ces travaux se sont autonomisés par une élaboration théorique comparable à celle que nous avons cru possible de faire apparaître dans le saussurisme (*Le langage et l'individuel* n'analyse pas le cas de la sémiotique et se borne à trois ou quatre allusions à Saussure) : la scientificité démontrable — et la rationalité — des études citées tient à la hiérarchisation correcte des concepts fondamentaux et au métalangage qui saisit cette hiérarchisation ; elle n'est nullement dépendante d'une quelconque numérisation ou mathématisation. L'Histoire, au contraire, toujours selon la démonstration de J.-C. Pariente, attend encore une mise en forme théorique qui lui permettrait de fonder le rationalisme historique (au sens où Bachelard parle du « rationalisme électrique »).

En ce qui concerne Saussure, des perspectives de ce genre devraient permettre de dépoussiérer et de mettre en pleine lumière la valeur de la solution sémiologique, dans l'économie d'ensemble du système. La démarche à suivre pour confirmer une présentation ordonnée de la linguistique saussurienne consisterait donc à prouver que ces quelques propositions sont bien des énoncés fondamentaux et qu'il n'y en a pas d'autres. Ensuite, il faudrait essayer de montrer comment ces énoncés premiers interagissent les uns sur les autres, puis on s'attacherait à expliquer en quoi ces énoncés premiers commandent tous les autres. On nous permettra de ne donner ici que de rapides exemples :

Ainsi, l'énoncé (1), ici même, p. 42, *[différences]* est solidaire de (2) *[système]* en ce que toutes ces différences, elles-mêmes éventuellement différentes entre elles (et si on parvient à en faire la typologie (citation 20), alors le système sera d'autant mieux délimité) doivent se réguler les unes les autres par un système d'emboîtements et de hiérarchisations. La langue ne pourrait pas se constituer en code si (1) n'était pas borné par (2). D'autre part, pour qui voudrait se convaincre de l'indissociabilité de 1, 2 et 3 *[arbitraire]*, selon Saussure, il suffirait de se reporter aux deux premiers paragraphes de *CLG*, 163. (Puisqu'il n'y a point d'image vocale qui réponde plus qu'une autre à ce qu'elle est chargée de dire, il est évident même *a priori* que jamais un fragment de langue ne pourra être fondé, en dernière analyse, sur autre chose que sur sa non-coïncidence avec le reste. *Arbitraire* et *différentiel* sont deux qualités corrélatives.)

Ce même énoncé (1) conduira à la notion de trait distinctif qui, si elle n'est pas aussi précisément délimitée chez Saussure que pour l'Ecole de Prague, est donc latente dans le *CLG*.

L'énoncé (4) *[dualités]* commande les fameuses dichotomies[1] dont les deux termes opposés concernent chaque fois également la science du langage :

signifiant	*vs*	signifié
forme	*vs*	substance
immanence	*vs*	manifestation
faculté	*vs*	institution
langue	*vs*	parole
paradigme (« groupe associatif »)	*vs*	syntagme
synchronie	*vs*	diachronie.

Il serait évidemment possible de montrer les incidences des trois autres principes sur ces dichotomies. Par exemple la *langue* comme pur système est plus fixée et donc moins arbitraire (moins « aléatoire » en un sens du mot « arbitraire » qu'on trouve en *CLG*, XXX) que la *parole*, elle-même moins liée au système.

---

1. Leur sens est bien analysé dans l'édition du *CLG* par T. de Mauro. On pourra également consulter Ducrot-Todorov, *Dictionnaire encyclopédique des sciences du langage*, Seuil, 1972.

La linéarité de la langue appartient à la *diachronie* ; la langue est linéaire en ce qu'elle se déploie comme un flux ininterrompu dans le temps du discours, dans l'espace aligné de la graphie. Il n'est pas sûr que cette linéarité se vérifie autant d'un point de vue *synchronique* où le nœud de propositions inséparables dont il vient d'être question, c'est-à-dire le nombre d'opérations mentales effectuées contemporainement pour le moindre acte de langage, semble avoir une allure planaire, se prêtant plutôt à une représentation dans l'espace sous forme de tableau comme l'a tenté R. Amacker à la fin de son ouvrage (*op. cit.*, p. 218-219). Pour la même raison, l'*immanence* de la langue est moins concernée par l'arbitraire du signe que la *manifestation* et ceci est vrai aussi pour le point de vue qui fait de la langue une *faculté,* par opposition à celui qui voit surtout dans la langue une *institution.*

Par-delà ces quelques propositions que nous avons énoncées de cette manière pour tenter de ressaisir à un niveau plus profond le fibrage logique de la langue — son caractère de *système* très complexe qui est (22) « le côté par lequel elle n'est pas complètement arbitraire et où il règne une raison relative » (*CLG,* 107) —, et qui constituent le cadre général de la linguistique, sans doute à peu près définitivement tracé par Saussure dès 1894, de vastes interrogations contribuent à maintenir ces quelques découvertes dans un statut provisoire d'hypothèses, sans autoriser une démarche à prétention axiomatique. En effet, ce qui est frappant, dans une lecture d'ensemble des notes manuscrites publiées jusqu'ici, c'est la force obsessionnelle chez Saussure d'une vision de la langue considérée comme une dynamique pure, pur fonctionnement.

Songeons, par exemple, aux réflexions concernant les modifications (acquisitions et pertes) des langues au cours du temps. Considérée d'un point de vue diachronique, la création continuée de la langue a l'allure des dépôts glaciaires, « de ces grandes moraines qu'on voit au bord de nos glaciers, tableau d'un prodigieux amas de choses charriées à travers les siècles » (Première Conférence à l'Université de Genève, 1891 ; Engler, IV, 3281, p. 5) : le code linguistique apparaît alors comme aléatoire et soumis à un mouvement perpétuel. Mais il y a un renversement total qui s'opère lorsqu'on passe à un point de vue synchronique. Ces mêmes sédimentations cessent d'apparaître comme fluides et aléatoires : sous le coup de la « cristallisation sociale », dont nous avons déjà eu l'occasion de parler, elles deviennent des formes stables, normées par « une raison relative » et susceptibles d'être saisies par des lois générales. Selon le point de vue adopté, un même espace problématique prend des caractéristiques diamétralement opposées à celles qui avaient été déjà repérées.

La problématisation de la *valeur* connaît, semble-t-il, un point de renversement comparable. Ceci apparaît notamment dans Engler, 1968, p. 259, col. F (le texte de la main de Saussure même est très lacunaire) : « *[Valeur]* Ce qui est inséparable de toute *valeur,* ou ce qui fait la valeur, ce n'est < ni > *a)* d'être inséparable d'une série de grandeurs opposables formant un *système,* ni *b)* d'avoir [ ], mais les deux choses à la fois et *inséparablement* < liées entre elles > ».

Considérée d'un premier point de vue (*a*), la valeur du signe n'est définie que négativement, « par ses rapports et différences avec les autres termes de la langue » (*CLG,* 163)[1], mais d'un autre point de vue (*b*), ici lacunaire mais restituable), elle participe de la nature positive du signe (*CLG,* 166) et s'échange, en un temps

1. Par exemple, « le français *mouton* peut avoir la même signification que l'anglais *sheep,* mais non la même valeur, et cela pour plusieurs raisons, en particulier parce qu'en parlant d'une pièce de viande apprêtée et servie sur la table, l'anglais dit *mutton* et non *sheep.* La différence de valeur entre *sheep* et *mouton* tient à ce que le premier a, à côté de lui, un second terme, ce qui n'est pas le cas pour le mot français » (*CLG,* 160).

déterminé, en un lieu déterminé, à la manière d'une pièce de monnaie, contre une idée, un effet de sens qui est quelque chose de positif (*CLG*, 160).

Ainsi serait-il sans doute possible de montrer que le cadre théorique souverain et ordonnateur que Saussure avait pu élaborer dès ses premiers efforts de systématisation s'était très vite heurté à ces *contrariétés inextricables* des points de vue contradictoires qu'il fallait appliquer aux diverses composantes des systèmes de la langue et des langues : (23) « Ce qui fait la difficulté du sujet, c'est qu'on peut le prendre, comme certains théorèmes de géométrie, de plusieurs côtés : tout est corollaire l'un de l'autre en linguistique statique [...] » (Entretien avec A. Riedlinger, 1909, *SM,* 29) ou encore : (23′) « Je me trouve placé devant un dilemme : ou bien exposer le sujet dans toute sa complexité et avouer tous mes doutes [...] ou bien faire quelque chose de simplifié [...] Mais, à chaque pas, je me trouve arrêté par des scrupules... » (Entretien avec L. Gautier du 6 mai 1911, *SM,* 30).

La plupart des distinctions par lesquelles la théorie linguistique s'inaugure et doit s'orienter apparaissent ainsi comme littéralement intenables, parce qu'elles ne peuvent pas être articulées sur le mode de la disjonction ou/ou (ou mutabilité ou immutabilité du signe). Elles sont au contraire régies par une complémentarité tensive[1] et/et : La langue sera dite **et** soumise à un perpétuel changement **et** immuable ; ceci suffit à requérir deux linguistiques complètement distinctes. De même la valeur apparaîtra **et** comme pure négativité de par son insertion dans le système d'oppositions généralisées **et** comme unique positivité de tout le fonctionne-

---

1. On trouvera quelques réflexions à propos de cette notion de complémentarité tensive dans Anne Hénault, « Perplexités à propos du terme complexe », in *Exigences et perspectives de la sémiotique*, mélanges offerts à A. J. Greimas (1984), ainsi que dans A. Hénault, *Narratologie, sémiotique générale*, PUF, 1983.

ment linguistique, de par son rôle dans l'échange du signe contre « une idée ». Il est donc exigé du linguiste un exercice mental intolérable : avoir d'un même phénomène, dont il doit rationnellement rendre compte, deux représentations incompatibles. Dans le cas du changement linguistique, par exemple, il doit se le représenter à la fois comme sporadique, désordonné et aléatoire et comme normé, réglé, rationalisable.

Dans ces conditions, avant de pouvoir « dire quelque chose » (au sens où l'entend Socrate) de ce vertigineux fonctionnement de la langue où (24) « <éléments et caractères sont la même chose>. C'est un <trait> de la langue comme de tout système sémiologique en général, qu'il ne puisse pas y avoir de différence chez elle entre ce qui caractérise une chose et ce qui la constitue » (Engler, IV, 3328, XII) ou encore Engler 1968, p. 276 : (24''') « Comme la langue *n'offre* sous aucune de ses manifestations une matière *[biffé], (substance),* mais seulement des *actions* combinées <ou isolées> de forces physiologiques, physiques, mentales, et comme néanmoins toutes nos distinctions, toute notre *terminologie,* toutes nos façons de parler sont moulées sur cette *supposition involontaire* d'une *substance,* on ne peut se refuser à reconnaître que la théorie du langage aura pour tâche de démêler ce qu'il en est de nos distinctions premières », il faut d'abord accepter de se mettre en face de cette complexité (sans en rien retrancher par d'abusives simplifications), au niveau exact d'abstraction où elle se situe, celui de relations logiques spécifiques, définies d'abord par leur différentialité. C'est cette discipline que Saussure aura léguée et imposée à ses successeurs.

Il aura fallu le travail de plusieurs générations de chercheurs pour commencer à déployer cette complexité du sémiologique, qu'un chercheur isolé ne pouvait avoir ni la force ni le temps matériel de débrouiller. Une vie entière ne pouvait pas y suffire. Faute de ce travail accumulé dont il allait cependant être l'initiateur, Saussure n'avait pas les moyens de passer de ses énoncés premiers qui fournissaient effectivement « les limites de la vérité, d'où que l'on parte » (citation 14) à ces lois et théorèmes qu'il appelait de ses vœux. Mais il a créé les conditions intellectuelles de leur repérage. C'est pourquoi nous ne cesserons pas de convoquer au fur et à mesure des besoins de l'exposé les notions saussuriennes particulières qui n'auront pas été présentées dans cette première vue d'ensemble.

Nous allons tenter maintenant d'observer les prolongements de cette pensée tout au long de ce siècle, car ils donnent forme à tout ce qui pourra s'appeler « sémiotique »[1].

1. L. Hjelmslev écrit en 1943, à la fin du premier chapitre de ses *Prolégomènes à une théorie du langage* : « Un seul théoricien mérite d'être cité comme un devancier indiscutable : le Suisse Ferdinand de Saussure. »

BIBLIOGRAPHIE

R. Amacker, *Linguistique saussurienne,* Genève, Droz, 1975, 244 p.

E. W. Beth, *L'existence en mathématiques,* Paris, Gauthier-Villars, 1956.

— On Padoa's method in the theory of definition, in *Indagationes mathematicae,* vol. XV, 1953, p. 330-339.

M. Bréal, *Les idées latentes du langage,* leçon inaugurale, Collège de France, 1868.

— *Essai de sémantique,* Paris, 1897.

E. Buyssens, *Langage et pensée, vie et matière,* Anvers, 1928.

— *Les langages et le discours. Essai de linguistique fonctionnelle dans le cadre de la sémiologie,* 1943.

— *La communication et l'articulation linguistique,* Bruxelles, 1967.

Cahiers F. de Saussure, passim et surtout n°s 12, 15, 17, 21.

E. Durkheim, Représentations individuelles et représentations collectives, in *Revue de Métaphysique et de Morale,* mai 1898, p. 273-302.

U. Eco, *Sémiotique et philosophie du langage,* Paris, PUF, 1988, 285 p.

R. Engler, *Lexique de la terminologie saussurienne,* Anvers, CIPL, 1968.

— *Cours de linguistique générale de F. de Saussure,* édition critique, Wiesbaden, Harrassowitz (1968-1974).

F. Gadet, *Saussure. Une science du langage,* Paris, PUF, 1987.

E. Goblot, *Essai sur la classification des sciences,* Paris, Alcan, 1898.

R. Godel, *Les sources manuscrites du cours de linguistique générale,* Genève, Droz, 1969 (abrégé en *SM*).

A. J. Greimas, L'actualité du saussurisme, in *Le Français moderne,* 3, 1956, p. 191-203.

L. Hjelmslev, *Prolégomènes à une théorie du langage,* Paris, Minuit, 1971.

Journal de Psychologie, numéro spécial : *La psychologie du langage,* Paris, Alcan, 1933.

Langue française, n° 63, Paris, Larousse, 1984.

T. de Mauro, *Cours de linguistique générale* de F. de Saussure publié par Ch. Bally, A. Sechehaye et A. Riedlinger en 1915, édition critique, Paris, Payot, 1982.

A. Naville, *Nouvelle classification des sciences,* Paris, Alcan, 1888.

C. Normand, Propositions et notes en vue d'une lecture de F. de Saussure, in *La Pensée,* 154, décembre 1970, p. 34 à 51.

J.-C. Pariente, *Le langage et l'individuel,* Paris, A. Colin, 1973.

M. Pêcheux, *Analyse automatique du discours,* Paris, Dunod, 1969.

T. Reiss, Semiology and its discontents : Saussure and Greimas, in *The uncertainty of analysis,* Cornell Univ. Press, 1988.

F. de Saussure, *Recueil des publications scientifiques,* Genève, 1922.

— *Cours de linguistique générale* (cf. T. de Mauro et R. Engler).

C. Zilberberg, *Retour à Saussure ?,* Documents GRSL VII, 63, 1985.

— *Raison et poétique du sens,* Paris, PUF, 1988.

DEUXIÈME PARTIE

DU LINGUISTIQUE AU SÉMIO-LINGUISTIQUE

Chapitre I

LOUIS HJELMSLEV (1899-1965) OU LA MANIÈRE DE CONCRÉTISER PAR L'ABSTRACTION

> *« Vivre, c'est défendre une forme »*
> Hölderlin.

I. — Le continuateur de Saussure

Louis Hjelmslev ne pouvait pas avoir accès à l'ensemble des notes manuscrites de Saussure et la découverte qu'il fit de l'œuvre du maître de Genève n'eut probablement pas d'autres sources que ce qui en avait été imprimé avant 1939. Et cependant l'ouvrage qu'il publia en 1943, *Prolégomènes à une théorie du langage* (préparé par quatre années de recherches menées en collaboration avec H. J. Uldall entre 1934 et 1939), montre que le Cercle linguistique de Copenhague avait refait par lui-même une grande partie du chemin parcouru par Saussure. Les *Prolégomènes* font

55

très fréquemment référence à Saussure mais il arrive aussi qu'ils le réinventent en des passages très personnels qui ne pouvaient pas s'appuyer sur des pages précises du *Cours* mais qui sont comme l'écho des notes manuscrites telles qu'elles devaient être publiées beaucoup plus tard par R. Engler. On lira, par exemple, les p. 9 à 32 et notamment :

P. 15 : (1) « Une théorie qui cherche à atteindre la structure spécifique du langage à l'aide d'un système de prémisses exclusivement formelles doit nécessairement, tout en tenant compte des fluctuations et des changements de la parole, refuser de leur accorder un rôle prépondérant et chercher une constance qui ne soit pas enracinée dans une réalité extra-linguistique ; une constance qui fasse que toute langue soit une langue, quelque langue que ce soit, et qu'une langue reste identique à elle-même à travers ses manifestations les plus diverses ; une constance qui, une fois trouvée et décrite, se laisse projeter sur la "réalité" ambiante de quelque nature qu'elle soit (physique, physiologique, psychologique, logique, ontologique) de telle sorte que cette "réalité" s'ordonne autour du centre de référence qu'est le langage, non plus comme un conglomérat mais comme un tout organisé dont la structure linguistique constitue le principe dominant » (cité d'après l'édition Minuit, 1971).

P. 28 : (2) « Se fondant sur certains faits d'expérience — forcément limités, bien qu'il soit utile de les choisir aussi divers que possible —, le théoricien [du langage] entreprend, dans un domaine précis, le calcul de toutes les possibilités. Il jalonne arbitrairement ce domaine en dégageant des propriétés communes à tous les objets que l'on s'accorde à appeler langues, pour généraliser ensuite ces propriétés et les poser par définition. Dès ce moment il a décidé — d'une façon arbitraire mais adéquate — quels sont les objets auxquels la théorie peut être appliquée et ceux auxquels elle ne peut pas l'être. Tous les objets ainsi définis sont alors soumis à un calcul général qui prévoit tous les cas concevables. Ce calcul, déduit à partir de la définition posée et indépendamment de toute référence à l'expérience, fournit l'outillage qui permet de décrire ou de reconnaître un texte donné et la langue sur laquelle il est construit. »

Nous avons abondance de textes par lesquels L. Hjelmslev explicite ainsi, dans les termes les plus clairs, une conception du théorique très proche de celle que nous avons vue se dégager chez Saussure ; par exemple : (3) « Au cours du XIXᵉ siècle, la science du langage devait devenir la science de l'histoire des langues [le terme de linguistique était alors sorti de l'usage universitaire] et ce n'est qu'à notre époque que la synthèse et la recherche de la systématisation reviennent au premier plan et, par là, le nom de la linguistique qui désigne la science linguistique non comme histoire de la langue, mais comme science systématique et universelle [...] Le théoricien se fixe des objectifs purement linguistiques mais souvent assez abstraits. Il accable l'auditoire de définitions et de terminologies [...] celui qui vous parle en ce moment se considère comme un théoricien. Vous savez par là quelles sont ses limites : il n'est pas un philosophe qui recherche des vérités métaphysiques éternelles. C'est la langue qui est au centre de son travail [...] Son but est d'unir le spécifique des traits de langues particulières à l'universel, de construire un système pour arriver aussi à des résultats susceptibles d'intéresser à la fois le spécialiste [grammairien de telle ou telle langue] et le philosophe du langage [...] » (Entretien sur la théorie du langage (1941), *in* L. Hjelmslev, *Nouveaux essais,* PUF, 1985, p. 69-71).

Chacun aura sa manière d'aborder cette œuvre vouée à l'abstraction. *Les amateurs de pentes douces* préféreront sans doute commencer par les transcriptions d'entretiens ou de conférences destinés à un large public comme *La structure fondamentale du langage,* série de trois conférences prononcées à Londres en 1947. Ces textes offrent un résumé assez détaillé de la théorie hjelmslévienne tout en faisant justice de bien des faux problèmes qui devaient apparaître à la fin des années 60 au moment des engouements formalistes occidentaux, à propos de la question, très nouvelle alors, des langages non verbaux. Grâce à trois exemples, concernant les feux de signalisation, le cadran téléphonique et le carillon de Big Ben, Louis Hjelmslev expose en termes clairs les raisonnements qui lui ont permis d'établir de solides bases pour les études sémiologiques des systèmes langagiers non verbaux.

L'amateur de pentes escarpées ira d'emblée aux *Prolégomènes à une théorie du langage* (Copenhague, 1943). Qu'on nous pardonne de ne pas feindre d'entreprendre une présentation méthodique de ce livre : le découpage intuitif et provisoire que nous allons esquisser pour en proposer un rapide inventaire thématique (destiné à fournir un simple guide de lecture à qui tentera l'aventure) ne figure ici qu'en attendant que surviennent de nouveaux progrès dans les études hjelmsléviennes.

L'ouvrage se présente lui-même (p. 12-13) comme le *préliminaire des préliminaires* de la nouvelle linguistique : (4) « Le travail préliminaire à une telle linguistique consiste à construire une théorie du langage qui en découvre et en formule les prémisses, indique ses méthodes et se fixe des voies. La présente étude constitue les prolégomènes à une telle théorie. » Après avoir affirmé, en des termes fidèles à Saussure, le primat du théorique, Hjelmslev développe (p. 33-48) sa conception personnelle de l'analyse suivie d'une théorie de la fonction (49-57) qui lui est également personnelle : (5) « Nous avons adopté le terme de fonction dans un sens qui se situe à mi-chemin entre son sens logico-mathématique et son sens étymologique, ce dernier ayant joué un rôle considérable dans toutes les sciences, y compris la linguistique. »[1] On dira qu'il y a une fonction sémiotique entre deux termes quand ces deux termes sont solidaires et ne peuvent pas être définis l'un sans l'autre.

Dans ces pages des *Prolégomènes,* Hjelmslev se met ensuite en devoir d'établir une typologie desdites fonctions. Malheureusement, les exemples auxquels il a recours pour illustrer ces relations abstraites censées sous-tendre les mécanismes langagiers, n'ont pas une profondeur et une nouveauté comparables à ce qu'on trouve chez Saussure lui-même. Ils sont généralement empruntés aux phénomènes de rection de la grammaire phrastique la plus traditionnelle, si bien que cette théorie des fonctions s'affuble, connotativement, des tics de pensée des pédagogues de la syntaxe, qui flèchent métaphoriquement les dépendances entre subordonnées et principales tout comme les exigences casuelles des grammaires latines ou grecques. Aussi la théorie de la fonction propre à Copenhague ne prend-elle pas, dans l'espace de ce texte, toute l'originalité et toute l'extension dont elle est porteuse.

Puis les *Prolégomènes* abordent (p. 58-104) la question de la fonction sémiotique majeure, celle qui existe entre les deux faces de l'acte de faire signe, entre le signifiant et le signifié (selon Saussure), entre l'expression et le contenu (selon Hjelmslev)[2]. Nous y reviendrons ici même, en 2, après avoir achevé ce

1. En pratique cette origine composite contribue à entretenir, chez Hjelmslev lui-même, les ambiguïtés dont ce terme est chargé dans ses emplois traditionnels (p. 50) si bien que cette notion hjelmslévienne est encore en friche. A notre connaissance, seul A. J. Greimas a tenté de l'exploiter dans sa véritable dimension logique.

2. C'est probablement dans ces réflexions qu'il faut chercher les vues les plus fécondes et les plus innovantes du grand linguiste danois. Bien des obscurités subsistent dans leur interprétation, malgré les nombreuses tentatives d'élucidation proposées par Hjelmslev lui-même (voir notamment « La stratification du langage in *Essais linguistiques* », p. 44-76).

survol rapide des principaux thèmes de réflexion des *Prolégomènes*.

On pourrait intituler « Jeux de la relation et du nombre » les chapitres 16 à 20 (p. 105 à 128). Cette partie des *Prolégomènes* s'interroge avec une liberté presque ludique sur les hiérarchies de relations structurantes et sur leur récursivité. Elle comporte beaucoup de néologismes (esquissant un véritable « métalangage ») et affirme, avec une rare force, le primat de la relation : impossible d'imaginer un objet d'étude quelconque autrement que comme un faisceau de relations.

Les pages 129 à 143 traitent les questions suivantes : Quel est le véritable objet d'une théorie du langage ? Qu'est-ce qu'un langage ? Comment le différencier d'un non-langage ? Hjelmslev note au passage (p. 138) qu'une langue a la propriété de pouvoir traduire toutes les autres langues et toutes les autres sémiotiques non verbales. Cette représentation de la langue comme « Interprétant universel » sera reprise longuement par E. Benvéniste *(Sémiologie de la langue)*. Elle aura peut-être contribué à fournir des justifications à ceux qui, à la suite de R. Jakobson, soutenaient qu'on ne peut saisir les significations que par les langues naturelles (et donc, par exemple, qu'analyser la peinture revient à analyser le discours sur la peinture, si bien qu'au moment d'établir « Le système de la mode », Barthes devait choisir d'analyser le discours sur la mode (dans les journaux de mode, et non la mode elle-même). Nous saisissons ici, à son point d'origine, la bifurcation qui devait ouvrir un clivage dans le champ de la sémiotique européenne entre d'un côté la sémiologie qui, à la suite de Jakobson et de R. Barthes, adoptait cette interprétation « linguistique » du sémiotique, et de l'autre côté la sémiotique, qui choisissait de considérer, une par une, les diverses sémiotiques non verbales sans prétendre les traiter métaphoriquement comme des sortes de linguistiques.

Ce pouvoir d'interprétance des langues est aussi ce qui rend possibles toutes les manipulations langagières et ce qui crée le droit au mensonge (p. 138). Quant au critère décisif de distinction des langages et des non-langages, il faut le chercher p. 139-141. Un langage se prouve comme tel par l'existence des deux plans, plans du contenu et de l'expression, et par le fait que ces deux plans sont nettement distincts, non conformes l'un à l'autre. Dans le cas des feux de signalisation, par exemple, on n'a pas besoin de distinguer entre expression et contenu parce que l'expression (couleurs des feux : vert, orange et rouge) est rigoureusement conforme, terme à terme, au contenu (passer, ralentir, ne pas passer). Il ne s'agit donc pas d'un langage.

Enfin la dernière question abordée par les *Prolégomènes* est celle qui assura d'abord la promotion planétaire (notamment par *Les Mythologies* de R. Barthes) de ce grand livre aussi mince qu'impénétrable. Il s'agit de la théorie des langages de dénotation et de connotation, par rapport aux métalangages. On distinguera différents types de sémiotiques (Hjelmslev désigne ainsi les langages en général dont les langues naturelles ne sont que des sous-espèces) :

— D'une part, les sémiotiques dénotatives qui sont les sémiotiques dont aucun des plans n'est une sémiotique entière (comprenant elle-même un plan de l'expression et un plan du contenu).

— D'autre part, les métasémiotiques dont le plan du contenu est une sémiotique complète. C'est le cas de tous les métalangages dont l'objet (le plan du contenu) est un langage qu'ils entreprennent de décrire.

— D'autre part enfin, les sémiotiques connotatives dont le plan de l'expression est une sémiotique entière. Par exemple un roman, écrit à l'époque contemporaine mais censé se dérouler dans l'Antiquité grecque, peut se parer de connotations antiques par une écriture dont le vocabulaire, la syntaxe et les cadences sont démarqués des traductions homériques. La langue d'Homère (par ses deux plans du contenu et de l'expression) connote alors le contenu /réalité antique/. Une des raisons historiques de la bonne fortune de cette opposition hjelmslévienne entre dénotation et connotation fut sans doute qu'elle permettait de « linguistifier » et donc de parer de scientificité un traitement moins théorique qu'intuitif, du niveau affectif et poétique (les résonances individuelles et sociolectales) des textes[1]. D'autre part, d'un point de vue strictement esthétique, on peut considérer que, dans ces superpositions et emboîtements de langages, qui chez Hjelmslev peuvent atteindre une vertigineuse dimension, se dessine une sensibilité d'époque qui se manifesta aussi bien, en ce temps-là, par des jeux littéraires ou artistiques, tels que *Les exercices de style* de R. Queneau (1947) ou, en peinture, par les gammes formelles de Popova et de Klioune.

II. — Le théoricien des combinatoires sémantiques

F. de Saussure avait donné le cadre conceptuel permettant de constituer les faits de langage en objet d'études, il avait fait apparaître les lois et constantes qui permettaient de décrire (5) « la langue comme une forme spécifique organisée entre deux substances, celle du contenu et celle de l'expression, donc *comme une forme spécifique de contenu et d'expression* ». C'est nous qui soulignons la fin de cette citation de Hjelmslev (*Essais linguistiques,* p. 44) où lui-même paraphrase Saussure et finalement le dépasse, l'excède par cette remarque que nous avons soulignée, fondant du même mouvement la possibilité d'une approche

---

1. Quels qu'ils soient : conformément à l'enseignement de Hjelmslev, Barthes, dans ses *Mythologies,* a considéré comme un *texte* le comportement (et le vécu) de ses concitoyens au quotidien.

scientifique des faits de contenu, des signifiés. Saussure, quant à lui, ne s'était guère préoccupé de traiter le plan du contenu et restait évasif sur la question de savoir si les signifiés pourraient faire l'objet d'une approche systématique ou s'ils demeuraient incernables.

L'inférence forte de L. Hjelmslev dans le fragment cité ci-dessus mériterait d'être restituée pas à pas, débanalisée, afin que soit perceptible à nouveau la conversion intellectuelle qu'a représenté une telle idée. Nous nous fonderons essentiellement sur le chapitre 13 des *Prolégomènes* consacrés à « Expression et contenu », tout en sachant pertinemment

1. Que cette version n'est pas forcément le dernier état de la question pour Hjelmslev qui ne cessa pas d'y revenir dans le reste de son œuvre pour tenter de l'expliciter.

2. Que ces vues sont d'autant plus difficiles à cerner qu'elles sont programmatiques. Hjelmslev consacra une dizaine d'années de sa vie à l'élaboration de ces préalables à une théorie du langage qui ne devait jamais être réalisée par lui.

3. Qu'il n'est cependant pas inutile de tenter d'éclairer l'inspiration des *Prolégomènes* par l'article sur « La stratification du langage » qu'il publia onze ans plus tard dans la revue américaine *Word* (repris dans *Essais linguistiques,* p. 44-76).

1. Qu'est-ce qui peut autoriser à poser théoriquement l'idée de forme du contenu, à côté de l'idée de forme de l'expression, popularisée par la linguistique et en particulier par la phonologie ? — Partant des deux distinctions fondamentales de Saussure, des deux relations catégoriques posées entre *forme et substance* et entre *contenu et expression,* l'esprit de Hjelmslev semble ne pas avoir pu connaître de repos tant qu'il ne fut pas parvenu à hiérarchiser, l'une par rapport à l'autre, ces deux catégories distinctes et indépendantes chez Saussure. Cette tendance à *articuler* entre elles, déductivement, les relations déductivement découvertes de la forme-langue semble d'ailleurs caractériser l'imaginaire scientifique de L. Hjelmslev, par opposition à celui de Saussure, chez qui domine le séparé, l'épars, l'aphorisme[1], la parataxe. L'indexation d'*expression* vs *contenu* sur *forme* vs *substance* n'est en tout cas pas chez Hjelmselv, un « amalgame » mais, avant tout, une mise en ordre par hiérarchisation, et elle inclut occasionnellement, d'une manière peu explicite, une troisième distinction majeure de Saussure, celle qui oppose *langue à parole*.

Considérant les quatre termes de ces deux catégories momentanément présentées comme indépendantes par le saussurisme, Hjelmslev est en effet saisi par la force de la relation analogique qui lui paraît exister entre les rapports engendrés par ces quatre termes. Mais pour cela on doit avant tout reconnaître que la distinction expression *vs* contenu est de plus grande portée que la distinction *forme* vs *substance* (*EL,* p. 52). Autrement dit, il faut d'abord distinguer le plan de l'expression et le plan du contenu et se demander ensuite si chacun de ces plans ne serait pas concerné par la distinction (par conséquent hiérarchiquement inférieure) entre forme et substance. Les quatre termes des deux catégories peuvent alors s'écrire comme des paires dotées de propriétés :

— substance du contenu et forme du contenu ;
— forme du contenu et forme de l'expression ;
— forme de l'expression et substance de l'expression.

Entre ces trois paires de grandeurs qu'il propose aussi d'appeler « strates », Hjelmslev observe que se réalise trois fois la même relation : (6) « Une des thèses que

1. D'où le caractère assez intenable, imaginairement, du critère d'oppositivité censé être seul à définir tant les unités de la linguistique saussurienne (issues des oppositions disjonctives du type grand *vs* petit) que ses fameuses dichotomies (résultant de complémentarités du type langue *vs* parole). L'analyse ainsi menée ne pouvait conduire qu'à une poussière de faits. Hjelmslev, quant à lui, était trop grand logicien pour ne pas juger intenable cette méthode.

nous allons soutenir implique, à certains égards, une relation analogue entre la substance du contenu, la forme du contenu, la forme de l'expression, et la substance de l'expression. » De quelle nature est cette relation analogue ? Pour simplifier beaucoup l'expression de Hjelmslev, encore une fois excessivement complexe et abstraite (*Essais linguistiques,* p. 67 et s.), nous retiendrons que cette analogie provient du fait que ce sont, chaque fois, des rapports de manifestation :

— **La substance de l'expression manifeste la forme de l'expression ;** je prononce /po/ et les porte-voix amplifient, les magnétophones enregistrent la matérialité d'une certaine substance sonore dans laquelle il est possible de reconnaître, par abstraction, deux phonèmes appartenant à la langue française, parce que ce /p/ se distingue de /b/ d'une façon bien précise que tous les locuteurs français reconnaîtront immédiatement (mais pas forcément les Espagnols), et de même le /o/ est la manifestation d'un phonème français, distinct d'une façon parfaitement délimitée, tant du /a/ que du /u/. Ainsi le bruit effectivement émis (substance) manifeste des composantes parfaitement identifiables de la forme de l'expression propre à la langue française.

— De même, **la substance du contenu manifeste la forme du contenu.** Soit par exemple le vers d'Eluard : « L'aube allume la source » (exemple emprunté à F. Rastier, 1991, p. 202). La substance du contenu (représentée par tout ce que drainent et charrient comme sensations, associations et souvenirs, pour Eluard et pour son lecteur, les trois mots et les deux articles de ce vers) manifeste (et organise) les éléments suivants de la forme du contenu : /flux/, /clarté/, /pureté/, /processus/, etc., dont le petit nombre assurera la lisibilité générale de ce vers.

— Enfin, il y a également **un rapport de manifestation entre forme du contenu et forme de l'expression,** mais cette fois, il s'agit d'un rapport réversible : on est

65

habitué à considérer le rapport de manifestation plutôt dans le sens « la forme de l'expression manifeste la forme du contenu » et cette idée sous-tend les analyses poétiques de R. Jakobson, mais il est vrai aussi que quand on épèle au téléphone : T comme Théodore, et D comme Dieudonné », la forme du contenu de ces deux noms propres sert à différencier la forme du phonème /T/ de celle du phonème /D/.

De ces trois paires donc, Hjelmslev retient la permanence du rapport de manifestation ; et ceci constitue pour lui une schématisation graduée, une représentation analytique de ces mystérieuses transactions qui opèrent entre la face mentale et la face matérielle de la signification, la fameuse fonction sémiotique qui serait pour lui le domaine d'études de la sémiotique au sens strict (*EL,* 66). Nous verrons comment la sémiotique a largement débordé ce champ, mais en toute rigueur semble-t-il.

On aura noté au passage que, dans ce contexte, *Forme* appartient plutôt à la langue, tandis que *Substance* appartient plutôt à la parole, parce que la forme est la constante de l'édifice « Langue » tel qu'il a été cristallisé par la société, alors que la substance semble relever davantage des variables individuelles de la parole, des qualités concrètes et particulières sélectionnées par les acteurs singuliers ou collectifs. Les deux trouvailles saussuriennes, « La parole est la manifestante de la langue, la substance est la manifestante de la forme », viennent donc se surimposer à la conviction du sens commun pour laquelle, l'expression est la manifestante du contenu. Or la catégorie Expression *vs* Contenu, supérieure (*EL,* 52) à Forme *vs* Substance, la surdétermine. La formule correcte est donc bien : la substance de l'expression est la manifestante de la forme de l'expression et donc, la substance du contenu est la manifestante de... la forme du contenu.

Il y a dans ce jeu de rapports analogues et dans la

façon dont Hjelmslev en tire parti pour se convaincre lui-même, une forme de raisonnement « épiphanique »[1] : le raisonnement lui-même fait apparaître une place, un maillon où l'hypothèse de l'existence de la forme du contenu devient *logiquement* nécessaire, exactement comme l'hypothèse de l'existence de Dieu apparaît comme *logiquement* nécessaire chez Descartes.

2. **Peut-on faire apparaître concrètement la « forme » et la « substance » du contenu, à côté du sens global ?** — La réflexion de Hjelmslev sur Forme et Substance le conduit à se démarquer d'une autre manière de Saussure. Pour Saussure, la substance, qu'elle soit phonique ou intellectuelle, est un continuum amorphe, pour Hjemslev : (7) « La *substance* dépend exclusivement de la *forme* et on ne peut, en aucun sens, lui prêter d'existence indépendante » (*Prolég.*, p. 68) et donc (p. 70) : (7') « Nous constatons dans le contenu linguistique, dans son processus, une forme spécifique, la forme du contenu qui est indépendante du sens avec lequel elle se trouve en rapport arbitraire et qu'elle transforme en substance du contenu. » Forme et substance du contenu appartiennent donc de droit à la linguistique, tandis que le sens lui échappe. Forme et substance sont analysables, parce que l'une et l'autre dotées de forme, c'est-à-dire qu'elles sont, l'une et l'autre, le produit de réseaux de relations. Comment faut-il se représenter ce qui permet de postuler que la substance du contenu est elle aussi (paradoxalement) une forme décomposable ?

D'un côté, d'après la citation que nous venons de donner, ladite substance est comme modelée par la forme qui la sous-tend. Mais d'un autre côté, d'après Les *Essais linguistiques,* (p. 60), la forme de la substance

---

1. Probablement comparable à l'exposé des preuves de l'existence de Dieu, dans la *2ᵉ Méditation* de Descartes, tel qu'il est analysé par J.-F. Bordron (PUF, 1987).

du contenu linguistique est la résultante de l'usage adopté par chaque communauté linguistique, pour les évaluations, les appréciations collectives, et c'est donc une sorte d'opinion sociale qu'elle dépose dans les termes du lexique et les lois de leurs enchaînements. Prenons pour exemple le terme « Engouement » : en raison des contraintes liées à la forme du contenu, je ne peux pas écrire : 1. *L'engouement mange* ; en raison de contraintes moins abstraites, de type évaluatif, je ne peux pas écrire : 2. *Un engouement est un goût modéré et objectivement justifiable,* parce que la substance du contenu, socialement attachée au mot « engouement », inclut au contraire qu'il s'agit d'un goût excessif pour un objet qui n'en vaut pas la peine. Le poète le plus habile à jouer avec la langue est contraint de tenir compte de ces traits de contenu, distinctifs et par conséquent discontinus, qui s'imposent à lui.

Par opposition donc à ces deux aspects connaissables parce qu'articulés, dotés de formes selon Hjelmslev, (8) « le *sens* est lui-même inaccessible à la connaissance, [...] parce qu'il est lui-même informe, c'est-à-dire non soumis en lui-même à une formation, [...] non susceptible de limites » (Tout ceci n'est qu'un montage de citations extraites de la p. 98 des *Prolégomènes*). Le sens[1] perçu est donc bien le domaine du continuum inanalysable et on doit parler indifféremment de sens du contenu et de sens de l'expression (*Prolég.*, p. 74).

La conséquence majeure et paradoxale de tout ceci est d'autoriser et même de prescrire que l'analyse des signifiés soit menée sans s'occuper du sens perçu. C'est précisément ce point de vue (très nouveau et qui requiert une longue pratique pour être définitivement admis) qui fournit le point de départ de toute l'entre-

---

1. La traduction du terme danois par *purport*, en anglais, et soit par *matière*, soit par *sens* en français a été approuvée par Hjelmslev lui-même (*EL*, 58, n. 1). Nous avons adopté sens.

prise sémiotique : une analyse des signifiés qui ne s'occupera pas du sens (mais seulement des divers aspects formels, formellement cernables qui s'échelonnent dans la production du sens).

Une difficulté subsiste, qui pourrait apparaître comme une contradiction dans la démonstration si serrée de Hjelmslev. Pour amorcer toute cette réflexion, selon une démarche admirablement progressive et démonstrative, compte tenu de la nouveauté et de la difficulté du sujet (*Prolég.*, p. 87-97)[1], le savant danois pose le problème dans les termes suivants : (9) « Une expérience justifiée consiste à comparer différentes langues et à en extraire ensuite ce qu'il y a de commun à toutes et ce qui reste commun à toutes langues quel que soit le nombre de langues que l'on considère [...] On découvre que ce facteur commun est... le sens, la pensée même qui se présente comme une masse amorphe » (*Prolég.*, 68-69). Et pour illustrer cette idée, Hjelmslev montre comment différentes langues découpent si diversement la « zone de sens » de la nescience. Si nous paraphrasons terme à terme la façon dont l'anglais, le danois, le finnois et l'esquimau disent : « Je ne sais pas », nous aurons *non-sachant suis-je-cela pour l'esquimau, *je suis certain de non savoir en anglais, *je sais le nullement pour le danois, et enfin, *non-je sache en finnois. Ce petit jeu permet de sentir très concrètement comment le sens est ordonné, articulé, formé, de manière différente selon les différentes langues : alors même que le sens semble constant, la forme du contenu varie énormément (cet exemple trop restreint se prête moins à montrer les variations de la substance du contenu, sauf si on veut bien suspendre les automatismes d'expression, pour se souvenir que le « pas » du

---

1. Ce passage, à lire absolument, propose une expérience très simple et très directe des phénomènes de forme du contenu. Nous l'avons présenté ailleurs (*Enjeux de la sémiotique*, p. 21-28).

français était bien anciennement un pas, tandis que « mie » de « ne... mie » était bien une miette et que l'auxiliaire anglais *do* qui semble à peu près vide de sens pourrait conserver une trace d'insistance sur la certitude). La substance et la forme du contenu ainsi convoquées pour un même résultat de pensée, un même sens, sont donc incroyablement imprévisibles d'une langue à l'autre.

En revanche, quelles que soient la particularité et la relativité de la forme et de la substance des signifiés, le sens demeurerait le même, transmissible de langue à langue, malgré les changements de forme qui lui sont infligés comme du dehors. (10) « Tout comme les mêmes grains de sable peuvent former des dessins dissemblables ou le même nuage prendre constamment des formes nouvelles, c'est également le même sens qui se forme ou se structure différemment dans différentes langues » (p. 70).

Un réflexe de logique élémentaire imposerait d'objecter ici, que seul un certain découpage (et donc une forme) permet de décider qu'il s'agit bien du même sens et de l'identifier par une dénomination, fût-elle fort générale. Et la réponse hjelmslévienne à cette objection serait alors probablement qu'il s'agit ici d'un découpage d'un autre type, non pas *analytique et constitutif d'unités* aisément *isolables,* comme le découpage intellectuel qui préside à l'articulation formelle des langues, mais *synthétique et constitutif d'unités intégrées,* parce qu'il s'agit d'un découpage seulement perceptif. Ces « zones de sens » indécomposables et donc continues comme les entend Hjelmslev, seraient à rapprocher de ces « formes » qui, selon les théories de la Gestalt, se livrent à l'intuition en raison de leurs propriétés de différenciation perceptive, en contraste avec l'indifférenciation du « fond ». Les expériences perceptives de Wertheimer datent de 1912 ; Hjelmslev lui-même fait une allusion indirecte à la *Gestaltheorie* en qualifiant le travail de Saussure de *Gestaltlinguistik* (*EL,* p. 78).

Pour en revenir à l'exemple du « je ne sais pas » proposé par Hjelmslev, si on opte pour une perception globale, *grosso modo,* c'est à peu près de la nescience que parlent toutes les langues, mais parce qu'elles en parlent d'une manière si différente, ce n'est pas non plus vraiment exactement la même nescience et l'analyse donne les moyens d'objectiver, de qualifier et de cerner, avec précision, cette différence.

Il faut donc conclure que Hjelmslev met un fossé entre la perception globalisante du sens et l'ingénierie très normée de la production et de l'analyse de la signification. Sans du tout nier l'importance de la première, comme on le lui a quelquefois reproché, il l'exclut du ressort de la théorie du langage pour la considérer comme l'objet de disciplines extra-linguistiques telles que l'anthropologie sociale ou la philosophie. La décision de Hjelmslev en ce point, est une radicale mise entre parenthèses de tout le champ perceptif en vue d'un travail résolument déductif, conformément aux découvertes de Saussure. (Principe d'empirisme, *Prolég.,* p. 19-22). Pour la glossématique, s'interroger sur l'organisation du contenu revient donc à se demander quel est le rapport entre A, la perception [*Sens* selon Hjelmslev : et dans cette perception, il faut naturellement inscrire le regard intérieur, l'intuition], B, la convocation du sens, [*substance du contenu* selon Hjelmslev], et C, l'activité catégorisante [constitutive de la *forme du contenu* selon Hjelmslev] tout en n'envisageant de ne s'occuper que de B et C qui sont les seules activités proprement langagières.

C. S. Peirce, le créateur de la sémiotique américaine, quant à lui, choisit le chemin exactement opposé, en refusant cette *épochè* raisonnée du champ perceptif et en partant au contraire de A, d'une exploration systématique de la perception. L'avenir de la sémiotique passe-t-il par une exploration (à nouveaux frais) du perceptif, du perceptible et du perçu ? Il est certain, en tout cas, que les recherches cognitives ne peuvent plus faire l'économie d'une théorie de la perception et que cette question est désormais à l'ordre du jour. Il n'est pas exclu que les recherches très nouvelles menées actuellement sur la sémiotique des passions (cf. in *La sémiotique*„ « l'Ecole de Paris », IIIe partie) n'apportent quelques concepts exploratoires, permettant par exemple, dans certains cas, de décrire le « sens perçu » comme une négativité, une attente de sens, un manque inscrit en creux, et fortement valorisé pour le sujet « recevant » ce sens[1].

Faut-il pour autant accepter l'idée que la prochaine étape de la problématique sémiotique inclura nécessairement un détour par la réflexion philosophique, alors que tout au long du siècle, et jusqu'à la date où nous écrivons, la linguistique saussurienne puis sa conséquence la sémiotique n'ont progressé qu'en s'interdisant toute incursion dans les domaines de la philosophie ? Hjelmslev lui-même a répondu clairement sur ce point comme l'avait fait Saussure en son temps, en cherchant à situer ses recherches par rapport aux travaux du Cercle de Vienne et de Carnap notamment (*Essais linguistiques,* p. 40 et 41). Malgré les parentés indiscutables qu'il discernait entre l'imaginaire scientifique de Carnap et sa propre gnoséologie logiciste (qui put parfois sembler renouer, au nom de la modernité de la Science, avec le projet leibnizien de langue universelle), le linguiste danois refusa toujours l'aventure philosophique, pour s'en tenir au strict terrain de l'étude des langues et de tous les systèmes qui pou-

---

1. On pourrait trouver chez Stendhal une illustration vécue de la distance qu'il peut y avoir entre sens globalement perçu et calculs subtils des agencements de la forme et de la substance du contenu ; n'affirmait-il pas que l'ensemble de *La Chartreuse de Parme* était pour lui une tentative pour recréer un équivalent du ravissement (plénitude et manque, à la fois) qu'avait suscité en lui certaine Madone peinte par Le Corrège.

vaient leur être assimilés, au sein donc de la sémiologie envisagée par Saussure.

3. **Les combinatoires de la forme du contenu.** — Une fois admise la réalité de la forme du contenu, la prochaine étape consiste à tenter d'analyser en unités distinctes les articulations spécifiques de cette forme. Ce qui se joue ici ? la possibilité de ramener la vertigineuse multiplicité de la parole, le nombre *illimité* de signes, à un nombre réduit — et donc *limité* — d'unités élémentaires, d'atomes de signification que Hjelmslev désigne d'un terme très général, comme des figures. C'est cette réduction de l'illimité au limité qui justifie l'analyse des contenus, chaque fois qu'il s'agit de construire une vue d'ensemble objectivisée d'un texte donné.

(11) « La manière de procéder sera exactement la même pour le plan du contenu et pour celui de l'expression. De même qu'en poursuivant l'analyse fonctionnelle on peut résoudre le plan de l'expression à des composantes qui contractent des relations mutuelles (ainsi que cela s'est produit expérimentalement tant dans l'invention de l'alphabet que dans les théories modernes du phonème), on doit aussi, par une analyse semblable, résoudre le plan du contenu à des composantes contractant des relations mutuelles qui sont plus petites que les contenus minimaux des signes. » (*Proleg.*, p. 88).

L'exemple fameux proposé par Hjelmslev (et depuis lors répété révérencieusement par tous ceux qui, à travers le monde, ont tenté de transmettre sa pensée), concerne les grandeurs de contenu veau, vache, taureau, bœuf, étalon, jument, cheval, homme, femme, garçon (etc.). On ne pourra pas garder dans l'inventaire des *éléments* veau, vache, taureau ou même femme, parce qu'ils peuvent se réécrire respectivement : elle-bœuf, il-bœuf (il-jeune-bœuf dans le cas de

veau), il-cheval, elle-homme (il-jeune-homme pour
« garçon »[1].

C'est donc ainsi que l'analyse procède, comme il se
doit, du composé au simple, en prouvant par **commutation,** l'existence de composantes de plus en plus
petites et donc le bien-fondé de cette décomposition.
Nous n'insisterons pas ici sur les définitions théoriques de la commutation, l'un des concepts opératoires fondamentaux de la Glossématique, rigoureusement interdéfini par l'ensemble de ce « métalangage »
et nous nous bornerons à rappeler ce que Hjelmslev
appelle sa « définition pratique » (*Proleg.*, p. 94) :
(12) « La corrélation d'un plan qui contracte une
relation avec une corrélation de l'autre plan de la
langue sera appelée commutation. » Concrètement, la
commutation est un procédé emprunté à la phonologie (voir chapitre suivant). On peut faire apparaître
que l'expression /peau/ comporte au moins deux unités phonologiques /P/ et /O/, que /peau/ est différent
de /beau/, que /peau/ est différent de /pas/ et /beau/
différent de /bas/ puisque chaque fois ces variations
du plan de l'expression entraînent des variations cor-
rélées du plan du contenu. De même, si l'on considère un ensemble de termes appartenant au même
domaine de sens[2], comme dans l'exemple ci-dessus,
on peut comparer les rapports existant entre les quatre termes taureau-vache, étalon-jument et faire appa-

---

1. A condition de pouvoir considérer homme, bœuf, etc., comme des
unités de contenu génériques, servant à identifier comme composés déri-
vant d'eux aussi bien il-homme (vir en latin) que elle-homme (femme), il-
bœuf (taureau) que elle-bœuf (vache) [le tout d'une manière déductive et
par conséquent indépendante du vocabulaire existant réellement dans
une langue donnée].

2. De la même manière, les comparaisons phonologiques ne se font
qu'entre des termes appartenant à la même classe phonétique parce qu'on
ne peut comparer que des termes comparables ; il faut qu'une certaine
homogénéité substantielle soit garantie pour qu'ils puissent être formellement rapprochés.

raître qu'ils comportent bien chacun au moins deux grandeurs de contenu, puisque

1) taureau est à vache ce que étalon est à jument : un /il/ par rapport à un /elle/ ;
2) taureau est à étalon ce que vache est à jument : un /bovin/ par rapport à un /équidé/.

Un tel procédé qui, plus tard, devait paraître sans doute rudimentaire et critiquable (cf. article « Commutation » du *Dictionnaire encyclopédique des sciences du langage* par O. Ducrot et T. Todorov), eut le mérite en son temps de faire apparaître distinctivement ces articulations de la forme du contenu. Même s'il était difficile à appliquer avec la rigueur postulée par Hjelmslev, puisque les articulations du contenu ne se traduisent pas sur le plan de l'expression avec le même automatisme que dans l'ordre inverse où une variation phonique (plan de l'expression) qui n'entraîne pas une variation sémantique (plan du contenu) n'est pas considérée comme commutante, il connut un immense succès mondial et suscita d'innombrables vocations de sémanticiens apparemment gagnés par ces manipulations si matérielles de réalités considérées jusqu'alors comme immatérielles.

Dès ce texte fondateur (élaboré entre 1934 et 1943), Hjelmslev lui-même commence à marquer les limites inévitables de cette démarche (*Prolég.*, 92). Il n'aperçoit vraiment la possibilité d'établir ces inventaires limités de signes minimaux que dans la sémantique des divers outils grammaticaux (telle la catégorie /il-elle/ de l'exemple veau-vache-taureau) dont le catalogue est de toute manière limité par la structure même de la langue.

III. — Une algèbre de la langue

Lorsqu'il prend une vue d'ensemble de l'entreprise à laquelle il convie la communauté scientifique, Hjelmslev la résume de la façon suivante : (14) « Il se constituerait ainsi, en réaction contre la linguistique traditionnelle, une linguistique dont la science de l'expression ne serait pas une phonétique et dont la science du contenu ne serait pas une sémantique. Une telle science serait alors une algèbre de la langue qui opérerait sur des grandeurs non dénommées — c'est-à-dire dénommées arbitrairement, sans qu'il existe pour elles de désignations naturelles — et qui n'acquerraient de désignations motivées que par leur rattachement à la substance. » (*Prolég.*, 101-102).

Les *Prolégomènes* furent publiés en anglais, quinze ans après leur parution au Danemark. A. J. Greimas parle de cette lecture comme d'un coup de foudre qui le frappa ainsi que Barthes, puisqu'ils firent ensemble la découverte de Hjelmslev (Conversation, in *Versus*, 43, Milan, 1986, p. 42) : au bout de ces arides réflexions, ils rencontrèrent l'étonnante beauté générée par une telle pureté conceptuelle.

Hjelmslev lui-même fait de cette beauté conceptuelle le thème de la conclusion d'une de ses conférences. (Entretien sur la théorie du langage, in *Nouveaux Essais*, p. 86) : « Cela ne m'empêche évidemment pas de continuer à aspirer à la beauté. Car la science pure et objective est une aspiration à la beauté, ainsi que l'a dit le mathématicien Henri Poincaré : parlant de la recherche de la beauté comprise comme "l'ordre harmonieux des parties, le sens de l'harmonie du monde". Je préfère cette esthétique plus profonde et plus noble à toutes les recherches esthétiques plus superficielles. »

Sans être du tout la maxime avouée de Hjelmslev, le mot de Hölderlin que nous avons placé en épigraphe de cette partie : « Vivre, c'est défendre une forme », n'est donc pas si loin de la gnoséologie du savant danois. Elle ne fut pas toujours bien comprise. Ainsi J. Piaget, dans son « Que-sais-je ? » sur *Le structuralisme* (1968), exécute Hjelmslev en trois phrases dont la conclusion est : « Mais son structuralisme n'en demeure pas moins statique, l'accent étant mis sur les "dépendances" et non pas sur les transformations » (p. 68). L'originalité de

Hjelmslev fut totalement méconnue par Piaget, en raison des erreurs d'optique entraînées par la vogue que connaissait alors la grammaire tranformationnelle.

Une véritable, bien que discrète et courtoise, polémique opposa — leur vie durant — R. Jakobson et L. Hjelmslev. Après l'éblouissement qu'avaient été les thèses de Prague, entendues au Congrès de La Haye en 1928, L. Hjelmslev avait été rebuté par le manque de rigueur que masquait le brio étincelant de R. Jakobson (V. Brøndal lui-même l'appelle l' « ingénieux Jakobson ») et dans quelques entretiens Jakobson, de son côté, reconnaît très sportivement que Copenhague fut pour lui une école de rigueur intellectuelle (*Dialogues avec K. Pomorska*, Flammarion, 1980, p. 40 : « Je dois à la vérité de dire que ces débats sur la méthodologie m'ont appris à observer une plus grande rigueur dans mes définitions pour ne pas substituer illicitement des valeurs matérielles absolues aux termes strictement relatifs qu'exige une science exacte ») ; en revanche, il se crédite de plus de sens artistique que les Danois (*Hypothèses,* p. 41). Le grief scientifique le plus important de L. Hjelmslev lui-même contre les Pragois, concernait ses craintes devant le danger de « phonologisation de la sémantique » (*Essais linguistiques,* p. 124) par une démarche sommaire et réductrice et notamment, par une binarisation mutilante, qui privilégierait les oppositions disjonctives à deux termes et exclurait les oppositions participatives. (Sur toutes ces questions, cf. *Raison et poétique du sens* de Cl. Zilberberg, p. 3 à 40 et ici même, chapitre suivant.)

Par-delà toutes les passions personnelles, désormais en train de s'éteindre avec leurs protagonistes, les développements actuels de la sémiotique européenne (voir par exemple Umberto Eco, *Le signe,* 1988, p. 90 et sq.) reconnaissent dans les concepts hjelmsléviens (*Versus, op. cit.,* p. 44-46) « la base épistémologique de la théorie sémiotique et plus généralement un modèle de référence pour l'ensemble des sciences sociales ».

Chapitre II

DES FORMALISTES RUSSES
AUX STRUCTURALISTES PRAGOIS :
V. PROPP ET L'ÉTUDE DES CONTES
DE LA TRADITION ORALE

Au contraire de Saussure, de Hjelmslev ou de Peirce, le « Formaliste » russe V. Ja. Propp ne s'est pas présenté comme un théoricien abstrait de la linguistique ou de la sémiologie. C'est seulement par la lecture qu'ont faite de son œuvre, trente ans plus tard, quelques chercheurs occidentaux (C. Lévi-Strauss, R. Barthes ou A. J. Greimas) que Propp s'est vu enrôler rétrospectivement dans la sévère brigade des précurseurs de la sémiotique. Certes, le distingué folkloriste place résolument sa *Morphologie du conte* sous le signe de la scientificité (ce souci est récurrent dans son exposé et notamment aux pp. 6-27), mais il choisit aussi de s'exprimer sur le ton de la bonne compagnie et de donner à son livre — qui est le rapport scientifique abrégé d'un vaste travail d'analyse préalable — l'allure d'un essai d'intérêt général. D'où des difficultés de lecture exactement inverses de celles qu'entraînent les travaux de L. Hjelmslev : *La morphologie du conte* est trop facile à lire et le lecteur peu familier de l'histoire culturelle russe et du contexte historique et scientifique d'un tel travail pourrait méconnaître sa force théorique. Il nous faut donc dire quelques mots des explora-

intellectuelles qui sont le contexte historique de *La morphologie* afin qu'il soit possible de reconstituer ce qui se jouait derrière l'universel théâtre de marionnettes que Propp sut si bien isoler dans les fantasmagories de Baba-Jaga ou de Vassilissa.

La morphologie du conte est souvent considérée comme l'exemple le plus abouti des recherches des Formalistes russes dans le domaine de la prose et plus précisément en théorie du récit. Or (mais est-ce vraiment paradoxal ?), V. Propp ne fut pas, lui-même, un Formaliste de la première heure : il n'eut, semble-t-il, aucune part à la fondation du Cercle de Linguistique de Moscou en 1915 ni à celle de l'OPOIAZ (Société d'Etudes du Langage poétique) de Pétersbourg en 1916 qui furent les deux centres d'activités du formalisme russe. Pour les débuts du Cercle de Moscou qui eut aussi comme compagnons de route les poètes futuristes[1] Khlebnikov et Maïakovski, on se souvient des noms de P. Bogatyrev, de R. Jakobson (1896-1982), de G. Vinokur ou O. Brik (1888-1945) tandis qu'à Pétersbourg, outre les linguistes proches de Baudouin de Courtenay, les fondateurs étaient surtout V. Chklovski (1893-1984) et B. Eikhenbaum (1886-1959).

Propp ne fut pas non plus un Formaliste de la deuxième heure, partie prenante du groupe élargi et assagi qui sut dépasser les turbulences *futuristes* des premiers temps, leurs aphorismes et leurs slogans à l'emporte-pièces, pour s'assurer un pouvoir et une continuité universitaire : Propp n'apparaît pas dans le

---

1. Le souci des *formalistes* de traquer les procédés et techniques de l'art verbal rencontrait sur leur terrain les débats sur « les distorsions créatives » et les expérimentations *zaumnyi* (« par-delà le sens ») des poètes *futuristes,* et en particulier de Kručënikh, de Kamenski et de Bourliouk. Ces essais expérimentaient, d'une façon vécue, la diversité des relations entre signifiants et signifiés que L. Hjelmslev, quelques années plus tard, allait dénommer *fonction sémiotique* et qui fut pour lui l'unique objet de la science sémiotique entendue au sens strict.

groupe fondateur de la division d'Histoire littéraire de l'Institut d'Etat d'Histoire de l'Art de Pétrograd (1920).

Enfin, son nom n'est pas mêlé aux premiers conflits critico-idéologiques suscités, à partir de 1922, par la vigilance préventive des marxistes-léninistes orthodoxes (P. S. Kogan). On sait comment ceci devait aboutir rapidement aux premières mises en accusation explicites et argumentées, formulées par des acteurs politiques tels que L. Trotski (*Littérature et Révolution,* Moscou, 1924) et N. Boukharine (*Sur les méthodes formelles dans l'art,* 1925). Pour Trotski, le procès du formalisme était le procès de l'art non engagé, de l'art pour l'art, au nom de l'esthétique réaliste prescrite par la dialectique marxiste. A ses yeux, les formalistes étaient des néo-kantiens, coupables d'idéalisme. Ne semblaient-ils pas considérer les *formes* de l'art comme des entités indépendantes de l'histoire socio-économique ? Ne risquaient-ils pas de mettre au jour des structures pérennes, a-temporelles ? De l'affirmation de l'autonomie du mental, à la croyance au surnaturel et à la religion, il n'y a qu'un pas : « Les Formalistes sont des disciples de saint Jean. Ils croient qu'au commencement était le Verbe. Mais nous croyons qu'au commencement était l'action. Le Verbe l'a suivie comme son ombre phonétique » (Léon Trotski, *Littérature et révolution,* p. 183, cité par V. Erlich, p. 104).

Propp a-t-il participé de façon active aux discussions passionnées par lesquelles les penseurs formalistes donnèrent corps à leur doctrine ? Il est difficile de cerner cette question avec les documents dont nous disposons. Dans sa vive réponse à C. Lévi-Strauss, Propp se défend même d'être un formaliste et applique cette étiquette, à ses yeux péjorative, à des chercheurs sclérosés et incompétents (Einaudi éd., p. 211). Il se considère plutôt comme un structuraliste avant la lettre. Ceci marque bien l'indépendance personnelle qui a pu être celle de Propp par rapport aux effets de groupe des

Formalistes. Ce qui n'empêche pas, chez lui, une méthode et des principes rigoureusement en accord avec les orientations intellectuelles des *Formalistes,* lesquels n'ont d'ailleurs que difficilement accepté pour eux-mêmes cette appellation qui leur avait été infligée par leurs détracteurs.

Dans l'espace plus académique (et par conséquent plus tranquille alors) de la folkloristique, V. Propp poursuivit une recherche de longue haleine qu'il acheva en 1927 et dont il obtint la publication par l'Institut d'Histoire de l'Art de Petrograd-Leningrad en 1928. L'ouvrage fut traduit en anglais en 1958. C'est alors qu'il fut présenté en anglais et en français par C. Lévi-Strauss : *La structure et la forme. Réflexions sur une œuvre de Vladimir Ja. Propp* (1960, texte repris dans *Anthropologie structurale,* II). Ainsi que l'indique le titre de cet article, Lévi-Strauss le concevait comme une mise en perspective du formalisme par rapport au structuralisme pragois qui l'avait prolongé et dépassé. Traductions et présentations eurent un immense retentissement parmi les chercheurs en sciences humaines, tant aux Etats-Unis qu'en Europe de l'Ouest, suscitant à la si concise *Morphologie du conte* une abondante postérité d' « analyses du récit ».

Propp est-il bien le chercheur le plus représentatif de ce mouvement ? Ne faut-il pas penser que des œuvres formalistes, d'une importance égale ou supérieure, sont (peut-être provisoirement) absentes du paysage parce qu'elles ne furent jamais traduites ou même jamais publiées ? Propp lui-même eut à subir, par la suite, une stricte surveillance idéologique et fut amené à *déformaliser* partiellement son œuvre pour une nouvelle édition en 1969 : l'édition de 1970 qui circule en France suit cette nouvelle version *normalisée,* tandis que la version italienne de 1966 (Einaudi) reproduisait encore le texte de 1928.

Les hasards de l'Histoire ont donc marqué cruellement la diffusion de cette inspiration formaliste et il n'est pas étonnant qu'elle soit probablement encore très méconnue. (Il faut, néanmoins, insister sur la valeur documentaire et conceptuelle d'un grand livre, le *Russian Formalism* de Victor Erlich (Yale, 1955, 311 p. dans l'édition Mouton, La Haye, 1969), toujours actuel même s'il fut rédigé et publié avant la diffusion en Occident du texte de Propp.)

I. — Formalisme et structuralisme

Avant de tenter de donner de *La morphologie du conte* un résumé qui ferait apparaître ce qu'elle a représenté pour les études sémiotiques, avant même de chercher à cerner un peu plus précisément ce que fut la doctrine formaliste, rappelons à grands traits la genèse du formalisme russe et la manière dont il se prolongea dans le structuralisme pragois. Il s'agit là d'un mouvement original aussi bien par rapport au saussurisme (qui avait tellement insisté sur la nature purement *formelle* du langage), que par rapport au *formalisme allemand* né des *Recherches logiques* de Husserl (1900).

La publication retentissante de ce texte de Husserl marquait le retour en force de l'étude des aspects logiques du langage humain qui avait été à peu près totalement suspendue au cours du XIXe siècle, en raison des progrès de la linguistique fondée sur des méthodes historiques. (Ces dernières avaient détenu alors le monopole de la scientificité.) Pour ce qui est des recherches en logique pure, des penseurs comme John Stuart Mill avaient accrédité l'idée qu'il n'y avait aucun sens à se perdre en des discussions *scholastiques* sur de soi-disant formes pérennes et universelles de la pensée et donc que les notions logiques étaient empiriques, relatives, changeantes. Husserl donna un coup de pied dans la fourmilière en soutenant à nouveau que la logique est formelle, non matérielle, universelle et nécessaire, et en invitant à chercher dans ce qui sous-tendait les diverses données empiriques de la linguistique comparative, la grammaire universelle du langage en tant que tel (*Recherches logiques,* II, 294-342). Cette publication devait susciter un clivage parmi les chercheurs allemands entre, d'une part, les « psychologistes » (empiristes) et, d'autre part, les « formalistes » pour qui, comme pour Leibniz, il convenait de distinguer vérités de fait et vérités de raison, vérités contingentes et vérités nécessaires. (Tout ceci est rappelé dans l'article de Ernst Cassirer « Le structuralisme dans la linguistique moderne », *Word,* I, 2, 1945.)

Sous l'impulsion de Gustave Spet, un disciple russe de Husserl, les jeunes linguistes de Moscou se familiarisèrent avec les notions de « forme » *vs* « contenu » et « signe » *vs* « référent ». Ils adoptèrent également les options premières de la phénoménologie husserlienne et au contraire de Baudouin de Courtenay et de ses élèves qui, à Pétersbourg, n'avaient pas banni de leurs recherches le recours aux explications psychologisantes, ils se déclarèrent résolument anti-psychologistes.

Mais s'il est vrai que les réflexions et proclamations qui s'élaboraient en Russie dans les années 20 n'étaient pas indifférentes à l'air du temps (et à l'état des recherches dans le reste de l'Europe), il n'en reste pas moins que ces ferments d'abstraction rencontraient, en ce lieu-là, en ce temps-là, un terrain différent et exceptionnel. Il ne nous appartient pas d'écrire ici l'histoire de la révolution soviétique ni celle du bouillonnement culturel qui l'a préparée et accompagnée. Mais les témoignages de toutes sortes et particulièrement d'artistes et d'écrivains (y compris *Regards sur le passé* de Kandinsky et *C'est moi qui souligne* de Berbérova) abondent et permettent de sentir ce que furent alors la ferveur intellectuelle, l'effervescence conceptuelle, le radical changement de vision du monde, l'incandescence imaginaire, des deux capitales russes. De là le souffle particulier qui parcourt l'entreprise formaliste en ce premier tiers du XXᵉ siècle, jusqu'à ce que ces penseurs et ces créateurs ne soient écrasés par un « Canossa idéologique » selon l'expression d'un des acteurs de cette liquidation, G. Gorbatchev (*Zvezda*, 1930, n° 5 : *My escë ne nacinali drat'sja*). Au Iᵉʳ Congrès des Ecrivains soviétiques de 1934, les débats étaient forclos, la condamnation du formalisme et du modernisme (comme d'ailleurs celle du freudisme) était une affaire entendue.

Un certain nombre de textes « théoriques » des formalistes russes ont été publiés en France à partir de 1965 (en particulier dans les revues *Change*, *Poétique* et dans le recueil *Théorie de la littérature*). Deux articles : « L'art comme procédé » de V. Chklovski (1917) et « La théorie de la méthode formelle » (1925) de B. Eikhenbaum, tous les deux dans *Théorie de la littérature*, ainsi que « Les formalistes en question » (1924) de B. Eikhenbaum (*in* G. Conio, 1975) résument et mettent en situation ces idées.

Ces usagers de manuels de textes littéraires généraux, que sont généralement les étudiants de lettres de 1ʳᵉ année, seront déçus s'ils lisent ces articles, car ils n'y trouveront que traditionnelles et très académiques interrogations sur ce qui distingue langages littéraires et langage ordinaire. Pourtant ces textes furent historiquement très novateurs. Tentons de mettre en relief leur dynamique à travers deux ou trois formules, de Chklovski et d'Eikhenbaum, lesquelles débouchent sur cinq ou six mots clefs, et bien sûr le polymorphe « Forme ».

Chklovski : Le formalisme étudie « L'art comme procédé ».

Eikhenbaum : « L'école formaliste étudie la littérature comme une série de phénomènes spécifiques et édifie l'histoire de la littérature comme une évolution concrète et spécifique de formes et de traditions littéraires » (G. Conio éd., p. 32). Du même, dans *Théorie de la littérature,* p. 37 : « C'est le principe de spécification et de concrétisation de la science qui était le principe organisateur de la méthode formelle. » Les mots clefs sont : *spécifique, concret, procédé, principe,* à quoi il faudrait ajouter *objectivité, linguistique.* Les « Formalistes » se désignaient eux-mêmes comme morphologistes ou spécificateurs, et se donnaient pour vocation de rechercher ce qui fait la spécificité de la littérature, sa « littérarité » ou de la poésie, sa « poéticité ». Cette recherche refusait de se faire dans les termes traditionnels et idéalistes de Beau ou de Vrai, pour observer les *procédés* susceptibles de transformer le langage ordinaire en matériau littéraire. D'autre part, « ce qui importait dans notre lutte, c'était d'opposer les principes esthétiques subjectifs qui inspiraient les symbolistes dans leurs ouvrages théoriques à l'exigence d'une attitude scientifique et *objective* par rapport aux faits » (*ibid.,* p. 36) et (*ibid.,* p. 38) : « Alors qu'il était habituel pour les littéraires traditionnels d'orienter leurs études vers l'histoire de la culture ou de la vie sociale, les formalistes les ont orientées vers la *linguistique,* qui se présentait comme science chevauchant la poétique dans la matière de son étude [...] » A travers tous ces énoncés programmatiques, l'idée la plus difficile, celle de forme, empruntait bien des acceptions. La plus constante était que le littéraire se distingue par un travail de la forme. *En prose,* c'est avant tout un travail de composition (cf. Chklovski, « Sur la théorie de la prose » (1925), Matériaux et style dans *Guerre et paix de Tolstoï* (1928). *En poésie,* c'est avant tout un travail de rythme et de sonorités.

Le mérite de ce mouvement ne fut pas de livrer à la postérité une méthode ou un système de concepts interdéfinis. Si on met à part les découvertes de Propp, le formalisme ne sut même pas élaborer un seul concept original, une trouvaille qui aurait jeté un jour radicalement nouveau sur les fonctionnements du langage, et cependant la force des formalistes fut, comme le dit Eickenbaum (G. Conio, *passim* et p. 25 ou p. 28), d'avoir quelques **principes** (au sens de maximes pour l'action) et de n'avoir jamais accepté la moindre contamination par « éclectisme ».

Parmi les caractéristiques de cette nouvelle vision du monde, il faut souligner ce parti d'adopter toujours un point de vue concret, antimétaphysique, ce qui se traduit dans la sphère du langage par une perception quasi technologique : le langage apparaît alors comme une sorte d'instrument apte à remplir des tâches, « une activité humaine orientée dans chaque cas vers un objectif particulier » (*Russkaja Rec.*, 1923, cité par V. Erlich, p. 60). Puisque la langue est un système de moyens appropriés à un but, il convient d'étudier les phénomènes linguistiques d'après les fonctions qu'ils remplissent à travers les divers discours. Dans cette perspective, la langue poétique constitue un domaine d'études privilégié dans la mesure où elle paraît élaborer un maniement de la langue plus efficace que ses usages ordinaires, prosaïques. D'ailleurs (on se souvient de la force avec laquelle R. Jakobson devait diffuser ces idées, quelques années plus tard par son étude « Linguistique et poétique », in *Essais de linguistique générale*), la fonction poétique n'est pas restreinte aux seuls poèmes. Les slogans (et toutes sortes d'emplois magiques ou politiques) font eux aussi usage de ladite fonction poétique, par leurs cadences et par leurs jeux sur les répétitions phoniques (« I like Ike », exemple fameux de Jakobson).

Dans ce contexte, l'étude de la prose, et en particulier de la morphologie narrative, ne fut pas un objet d'études prioritaire pour l'opoiaz. *La théorie de la prose* de V. Chklovski est de 1929. Il formule notamment l'idée que l'intrigue habituellement considérée comme relevant du contenu appartient en réalité à la forme, exactement autant que la rime si bien que les caractères eux-mêmes doivent être considérés comme subordonnés à l'intrigue, simples « prétextes pour le déroulement de l'action ». Ces idées se retrouvent dans *La morphologie du conte* de Propp, mais avec une force abstraite et démonstrative bien plus radicale.

Au sein de l'Université de Moscou, les préoccupations fonctionnalistes *alias* formalistes n'allèrent pas de soi, car elles représentaient une rébellion de la jeune garde contre les néo-grammairiens menés par le Pr Fortunatov. Cependant, ce projet d'approche fonctionnelle qui ne tarda pas à s'imposer chez les linguistes constitue l'avatar spécifiquement russe (concret et en quelque sorte incarné) de la vision systématique et synchronique (sinon scientifique) de la langue, imposée par la linguistique de type saussurien.

Tandis que les conflits avec les autorités idéologiques bolcheviques s'aggravaient, les recherches du courant formaliste se transplantèrent partiellement à Prague, sous l'impulsion de R. Jakobson qui, parti de Moscou en 1920, contribua à fonder, en octobre 1926, le Cercle linguistique de Prague. D'autres philologues et linguistes russes devaient s'associer à ce cercle ; parmi eux, S. Karcevski (qui avait suivi à Genève les cours de Saussure) et N. S. Troubetzkoï qui, sans avoir appartenu au mouvement formaliste, en avait expérimenté les thèses dans ses cours ou études consacrés à la littérature russe (V. Erlich, p. 156, n. 10). De ces recherches menées en commun, où le rapport d'inspiration entre universitaires tchèques et chercheurs russes fut une étroite symbiose — Prague avait déjà, avant l'arrivée de Jakobson, une école d'esthétique d'inspiration formelle —, devait sortir un élargissement du cadre conceptuel initialement posé par les formalistes russes.

D'une part (et notamment sous l'influence des travaux d'Ernst Cassirer sur la philosophie des formes symboliques), la poésie n'était plus considérée comme

« le langage dans sa fonction esthétique », la théorie esthétique du langage apparaissait désormais comme une branche d'un ensemble plus large incluant aussi les langages non verbaux dont on avait peu à peu acquis l'expérience (V. Chklovski, 1923, « La littérature et le cinéma »), et qui allait requérir de tout autres développements, une science moderne des significations : pour Jan Mukarovsky, un des porte-parole des Pragois, l'esthétique devait désormais être décrite en termes de signes et de significations, une « sémasiologie » (terme qui allait plus tard être abandonné au profit de « sémiotique ») serait à constituer.

D'autre part, la notion de forme, trop lâche et polysémique, était délaissée au profit de l'idée directrice de « structure », considérée comme un tout, dynamiquement organisée et perceptible comme telle. Cette idée selon laquelle les propriétés d'une œuvre ne résultent pas de la simple addition des propriétés de leurs éléments, mais proviennent de la structure même (exactement comme pour une mélodie qui subsiste identique à elle-même à travers ses transpositions), avait été réinventée par les tenants de la *Gestalttheorie* (Ehrenfels, W. Köhler, Koffka et Wertheimer) même si elle se trouvait déjà chez Goethe, ainsi que les termes de *Gestalt* et de *Morphologie*[1]. Le « structuralisme » devint donc le cri de ralliement des linguistes pragois autant que des esthéticiens dans les congrès internationaux. On avait là une représentation des systèmes langagiers très proche de celle qui par Bally, Sechehaye et Bröndal, provenait du saussurisme : le langage ne serait plus considéré comme un agrégat de faits isolés, mais bien comme un tout cohérent dont toutes les composantes interagissent. Comme le souligne E. Cassirer (« Le structuralisme dans la linguistique mo-

---

1. Et Propp se dit, explicitement, un disciple de Goethe.

derne », *Word,* I, 2, 1945), le courant pragois rejoignait ainsi les orientations qui, à la même époque, prévalaient dans à peu près tous les champs du savoir.

La contribution de N. S. Troubetzkoï au numéro exceptionnel du *Journal de Psychologie,* consacré à la « Psychologie du langage », permet de clarifier un peu le statut de cette notion de structure en phonologie. Troubetzkoï commence par souligner (p. 227-228, 233, 241-243) ce qui aura constitué le progrès de la science pragoise par rapport aux théories saussuriennes (avec un terme récurrent qui est « concrètement », p. 241-243). Le grand mérite de Prague est d'avoir, en accord avec la gnoséologie du formalisme russe, forgé la première idée linguistique efficace, le premier concept vraiment opératoire, celui de « trait pertinent »[1] (on appelle « trait pertinent » toute opposition phonique utilisée dans une langue donnée pour exprimer des différences, sémantiques ou grammaticales : dans la masse des variations phoniques possibles, seuls les traits pertinents ont valeur d'indices systématiques, eux seuls feront l'objet des études linguistiques).

Cette idée de ne considérer parmi les oppositions phoniques que celles qui étaient effectivement utilisées pour différencier la signification des mots avait été conçue, dès 1876 au moins, par quelques linguistes suisses-allemands (Troubetzkoï le rappelle au début de son article), mais sans jamais être exploitée dans ses conséquences logiques. R. Jakobson la fit progresser considérablement en étudiant *Le vers tchèque, principalement comparé au vers russe* (Prague, 1923). Reprise et élaborée par Troubetzkoï et par le Cercle linguistique de Prague, elle devait atteindre sa forme opératoire.

---

1. Troubetzkoï parle encore à cette date d'« opposition phonologique ». Voici ses propres définitions : « Une *opposition phonologique* est une différence phonique susceptible de servir dans une langue donnée à la différenciation des significations intellectuelles... Chaque terme d'une opposition phonologique quelconque est une *unité phonologique* » (p. 232).

Cette « idée linguistique » permettait de s'attaquer concrètement à la tâche qui consistait à isoler et à donner à voir ce que sont les éléments incorporels (purement arbitraires et relationnels) de la langue, car elle fournissait un critère pour trier parmi les innombrables phénomènes phoniques du langage humain, ceux qui relevaient de la *langue* au sens saussurien, c'est-à-dire du réseau d'éléments différentiels, oppositifs et relatifs, dont se compose l'aspect signifiant (la forme de l'expression) d'une langue donnée ; on pouvait ainsi commencer à repérer les systèmes qu'ils forment concrètement tant au sein d'une langue donnée que dans l'ensemble des langues du monde. On pouvait également entreprendre d'isoler les lois universelles de structuration phonologique de toutes langues. Troubetzkoï déploie en quelques pages les vastes perspectives de cette science nouvelle. Voici une liste abrégée de quelques-unes de ses tâches prioritaires telles qu'elles sont listées par le savant russe :

— Description du système dans son ensemble : « La phonologie, universaliste par sa nature, part du système comme d'un tout organique dont elle étudie la structure » (p. 233).

— Repérage des divers types d'oppositions : disjonctions et corrélations (p. 236).

— Repérage des faisceaux de corrélations : certaines corrélations se combinent entre elles, d'autres non. L'observation de ces faits permet une typologie plus fine et une hiérarchisation de ces corrélations selon les degrés de parentés entre elles que manifeste cette combinatoire.

— Etude des règles d'emploi des phonèmes, parce que le contenu d'un phonème peut changer selon sa position.

— Statistiques d'emploi des diverses oppositions phonologiques et démonstration de leur importance relative, etc.

Le tableau raisonné des tâches de la phonologie se poursuit bien davantage. Mais cette rapide présentation devrait du moins permettre de se représenter la portée de ces explorations exhaustives — « résolues et courageuses », ces vertus, ces mots d'ordre sont explicitement à l'ordre du jour dans les travaux formalistes et structuralistes de l'époque — des conséquences logiques de l'idée fondamentale et première, l'idée-mère, d'opposition phonologique. Le jeu complexe de relations en interaction ainsi mis au jour est objectivement délimitable et descriptible pour chaque langue, il cerne et identifie sa charpente phonique spécifique. La notion de « structure » apparaît alors presque constamment associée à l'idée de système, dynamique dans son fonctionnement ordinaire et soumis à évolution. « Structure » désignerait la permanence, l'identité du système, telle qu'elle persiste à travers ses groupes de transformations. C'est ainsi que l'école de Prague parvient à individualiser la phonologie comme discipline à caractère scientifique et à concrétiser pour la première fois les vues abstraites de Saussure sur les « systèmes de différences » qui font de la langue une forme pure.

On notera que cette concrétisation du phénomène-langue par la découverte fondatrice de la phonologie, exclut tout recours à la psychologie. N. Troubetzkoï (*Principes de phonologie,* p. 42 et sq.) précise que « Le phonème est avant tout un concept fonctionnel, qui doit être défini par rapport à sa fonction ». De Moscou à Prague, le sens du fait concret et objectif, l'anti-psychologisme et le fonctionnalisme sont également présents, mais tout se passe comme si le structuralisme pragois représentait, à bien des égards, la réalisation des espoirs et des promesses du formalisme russe.

R. Jakobson (encore souvent formaliste pour la *poétique,* mais structuraliste pragois pour la linguistique et la phonologie) allait imposer dans le monde entier ce nouveau modèle de scientificité pour les sciences humaines. C'est ainsi que L. Hjelmslev fonda le Cercle de Copenhague après avoir entendu les thèses de Troubetzkoï et de Jakobson au Ier Congrès international de Linguistique de La Haye en 1928. Il avait aperçu d'emblée ce que la découverte phonologique pouvait apporter à la sémantique (même si, très vite, ce même L. Hjelmslev devait dénoncer « la phonologisation de la sémantique », trop sommaire par rapport à la complexité des relations logiques effectivement à l'œuvre dans le réseau des significations)[1]. C. Lévi-Strauss (*Word,* 1945) salua ces temps nouveaux : « La phonologie ne peut manquer de jouer, vis-à-vis des sciences sociales le même rôle rénovateur que la physique nucléaire, par exemple, a joué pour l'ensemble des sciences exactes » (p. 35), puis il releva le défi et appliqua la découverte de Prague aux *Structures élémentaires de la parenté* (1949). Du point de vue de la future sémiotique encore dans les limbes, l'œuvre de Lévi-Strauss s'inscrit donc elle aussi comme le prolongement et l'application des découvertes pragoises à des domaines de communication non verbale. Elle apparaît comme une « physique » des significations sociales.

II. — Le catalogue des 31 fonctions de Propp.

Propp publia en 1966 une réponse aux critiques formulées par C. Lévi-Strauss, en 1960, à l'encontre de sa *Morphologie du conte,* ouvrage qui avait valu à son auteur une belle notoriété en Russie, dès sa parution en 1928. Dans cette réponse à Lévi-Strauss,

1. Sur cette question, voir les développements de C. Zilberberg, in *Raison et poétique du sens,* p. 19-39.

Propp se reconnaît comme principal mérite (Einaudi éd., p. 207) le fait d'avoir su observer, en comparant une série de contes qui avaient comme sujet commun les persécutions d'une marâtre, ce qui demeurait identique d'un conte à l'autre malgré les changements de personnages et de circonstances : à sa grande surprise, il avait découvert que malgré l'extrême diversité de l'ensemble de contes soumis à l'analyse, un certain nombre d'actions figuraient dans tous les contes et, de plus, la succession de ces actions suivait toujours le même schéma. Donc le déroulement de l'action était la constante recherchée. Le fait lui parut si évident qu'il s'étonna que personne ne s'en fût rendu compte avant lui : si les actions accomplies par les personnages sont identiques, et apparaissent dans le même ordre, n'a-t-on pas forcément affaire au même conte, même si les détails changent ?

La nouvelle méthode d'analyse allait donc se concentrer sur ces actions constantes, dénommées « fonctions ». Dans la langue analytique de Propp (qui tend à être un métalangage), ce terme n'a plus son sens ordinaire, instrumental, de « ce qui sert à ». « Fonction » désigne ici une action considérée selon sa situation dans le cours du récit : une même action, par exemple le fait de recevoir de l'argent, est le support de fonctions diverses selon que cet argent est une récompense pour les hauts faits accomplis ou selon qu'il doit servir à acquérir le cheval qui permettra de réaliser l'exploit. « Par fonction, nous entendons l'action d'un personnage, définie du point de vue de sa signification dans le déroulement de l'intrigue » (*Morphologie,* p. 31).

Propp fait lui-même, au début de son deuxième livre, *Les racines historiques du conte merveilleux,* qu'il publia en 1946, le résumé de cette quasi immuable succession de fonctions qu'il retrouve non seulement dans les contes où il est question d'une pauvre orpheline persécutée par une marâtre, mais encore dans tous les contes merveilleux, ce qui lui permet d'accomplir la vocation première des formalistes et de *spécifier* le genre du conte merveilleux (p. 16) : « Ces contes commencent par un dommage ou un tort causé à quelqu'un (enlèvement, exil) ou par le désir de posséder quelque chose (le tsar envoie son fils chercher l'oiseau de feu), et ont le développement suivant : départ du héros de la maison, rencontre avec le donateur qui lui donne un moyen magique ou une aide magique qui lui permettront de trouver l'objet recherché. Puis viennent : le duel avec l'adversaire (la forme la plus importante en étant le combat avec le dragon), le retour et la poursuite. Souvent cette composition devient plus complexe. Alors que le héros approche de la maison, ses frères le jettent dans un précipice. Mais il réussit à revenir, il accomplit avec succès les tâches difficiles, devient roi et se marie soit dans son royaume, soit dans celui de son beau-père. »

Ce bref résumé ne rend que partiellement compte de la liste de fonctions qui sortit des comparaisons effectuées par V. Propp dans le corpus que lui offrait une série de cent contes merveilleux (du n° 50 au n° 151) extraite du recueil Afanassiev, classique dans les études slaves. Le compte rendu de Lévi-Strauss marque, quant à lui, un certain découragement devant le catalogue des fonctions « impossible à détailler » (*Anthropologie structurale,* II, p. 144). C. Brémond accepte la gageure, mais au prix d'une première mise en ordre que nous suivrons[1], pour un rappel du début des résultats de Propp (en italiques, les dénominations de Propp et en regard, un extrait

1. Faute de place, nous ne rappellerons pas toute cette liste qu'on trouvera dans *Logique du récit* de C. Brémond, p. 41-46.

ou un résumé du scrupuleux commentaire de
C. Brémond) :

Eloignement : une protection vient à manquer + péril virtuel.
Interdiction : ordre qui est un essai de protection contre ce dan-
   ger, mais qui est aussi une virtualité de désobéissance.
Transgression : désobéissance et neutralisation de cet essai de
   protection.
Interrogation + Information : actualisation du péril. Le méchant
   se procure un renseignement majeur concernant le héros.
Tromperie + Complicité naïve : autre actualisation du péril. Le
   méchant tend un piège à un bon naïf qui se laisse berner.
Méfait : accomplissement par le méchant d'un acte nuisible.
Médiation : appel ou envoi au secours, entrée en scène du héros.
Début de l'action contraire : le héros consent à une mission de
   secours.
Départ : les hauts faits des contes merveilleux se passent toujours
   au loin.
[...]

Cette liste de fonctions est limitée, c'est l'une de ses
caractéristiques les plus importantes. « La répétition
des parties constitutives fondamentales dépasse tout ce
que l'on pouvait attendre » [...] « Le nombre des fonctions est très limité : on ne peut en isoler que trente et
une. L'action de tous les contes de notre corpus, sans
exception [..] se déroule dans les limites de ces fonctions » (*Morphologie,* p. 34, puis p. 79).

Mais si les fonctions sont en nombre limité, les protagonistes qui leur correspondent sont en nombre encore
plus limité. Chacun de ces acteurs est indissociable de
l'ensemble de fonctions qui constituent sa sphère
d'action. Ainsi interrogation, information, méfait ou
tromperie appartiennent au héros négatif (« L'agresseur »), début de l'action contraire ou départ sont toujours le fait du héros. L'ensemble des trente et une fonctions se répartit ainsi entre sept « sphères d'action » :
l'agresseur, le donateur, l'auxiliaire, le personnage
recherché, le mandateur, le héros et l'usurpateur, *alias*
faux héros (*ibid.,* 96-97). Il faut se garder de retomber ici
dans les vieilles habitudes de pensée. Les personnages

sont considérés comme de stricts moteurs de l'action. Ils sont reliés à leur faire d'une manière indissociable. « Espionner » ou « dérober » impliquent « agresseur », « libérer » ou « restituer » impliquent héros et *vice versa*. Exactement comme lorsque la langue articule : « Le vent souffle », l'idée de vent est exprimée deux fois, parce que *souffler* est l'une des actions propres au vent (même si l'esprit perçoit cette répétition d'une manière unitaire, comme une seule idée. Cet exemple se trouve chez E. Buyssens, *in* La linguistique synchronique de Saussure, *Cahiers Ferdinand de Saussure,* 18, 1961, p. 25). Propp n'a pas mis au jour deux listes : d'un côté, les fonctions et de l'autre, les sept personnages, mais une seule et même liste, dans laquelle les personnages apparaissent comme des principes d'organisation de la liste étendue, celle des fonctions.

V. Propp a donc élaboré une *idée sémiotique,* au sens où nous parlerions d'une idée mathématique, mais il semble ne pas s'être bien rendu compte de tous les retentissements qu'aurait sa découverte concernant le caractère automatique des sphères d'action des principaux protagonistes. Il s'est fréquemment félicité d'avoir su objectiver la structure spécifique du conte merveilleux à partir de l'inventaire immuable de ses fonctions, et d'avoir su ainsi, à la façon de Linné, découvrir un principe de classification. Mais il ne semble pas avoir perçu que la hardiesse de son mouvement d'abstraction (qui parvenait à considérer comme un habillage circonstanciel la psychologie des personnages au même titre que leur rang dans la société ou tout autre détail de leur aspect physique) changerait totalement la perception des actions et de leurs enchaînements. Dans ce caractère automatique de l'association des personnages et de leur faire où l'agresseur nuit et le héros sauve comme le vent souffle, se lira bientôt tout autre chose qu'une lapalissade.

D'une part, Propp a « déréalisé » les événements du

conte, il a démonté leurs enchaînements et a mis en évidence un ensemble « d'organes » en quelque sorte mis à plat. Il ne faut pas dire : un méchant espionne et trompe, voici un bon qui va réparer les torts (relation purement syntagmatique), mais bien, dans le conte merveilleux, il y a toujours un méchant qui nuit et un bon qui s'oppose à lui (relation catégorique). A. J. Greimas montrera que Propp a ainsi ouvert la voie à une représentation paradigmatique de l'action ou plutôt à la possibilité de paradigmatiser les liens syntagmatiques (cf. ici même, IIIᵉ partie).

D'autre part, jusqu'alors, tout énoncé paraissait le montage de deux composantes radicalement séparées, d'un côté, ce dont on parle (suivant les terminologies, le *sujet* ou le *thème*), et de l'autre, ce qu'on en dit (éventuellement l'action et la qualité qu'on lui attribue ou le *rhème*). Dans les observations de Propp, l'agent et l'action forment un tout indissociable où l'action est première et détermine l'agent. Ainsi se préfigure toute la théorie de l'actantialité qui sera développée notamment par un linguiste français, proche du Cercle de Prague, Lucien Tesnière.

Quoi qu'il en soit, au bout des analyses de Propp, le conte n'est plus ce qu'il semblait être, le domaine de la fantaisie absolue ; les protagonistes, définis par leurs fonctions constamment réitérées, apparaissent comme de véritables *préposés à* un faire programmé de tout temps. (Est-ce là une justification du terme « fonction » choisi par Propp pour désigner ces actions dans leur prévisibilité ?) Le mouvement d'abstraction ainsi lancé met un terme à l'illusion figurative et contraint à percevoir au moins deux niveaux de sens :

— le niveau des inventions de situations et de carac-
    tères, libres apparemment (tout peut arriver dans
    un conte), par lesquelles le conte se distingue,
    s'individualise et charme son public (dimension

97

qui sera bientôt désignée comme la *sémantique discursive*) ;

— le niveau des contraintes narratives (qui sera bientôt appelé *syntaxe narrative*).

Propp prenait ainsi de l'avance sur les recherches des formalistes « officiels », en se dégageant de toute considération esthétique et en recherchant des « procédés » dans l'espace jusqu'alors inexploré des automatismes narratifs — au lieu de continuer, comme Chklovski lui-même ou comme Eikhenbaum dans leurs analyses pratiques, à se poser les mêmes anciennes questions d'intrigue, de style et de composition. Comme les phonologues ou comme Saussure, Propp se désintéressait des *procédés voulus* pour se concentrer sur les *lois* qui échappaient à la conscience du sujet parlant (*Racines historiques*, p. 36). De même que Troubetzkoï avait pu isoler des traits constants de la forme de l'expression, Propp parvenait ainsi, par la pratique d'une étude synchronique, systématique et universaliste, à donner à voir concrètement quelques traits constants de la forme du contenu.

TROISIÈME PARTIE

DU SÉMIO-LINGUISTIQUE AU SÉMIOTIQUE : L'ÉCOLE DE PARIS

Si A. J. Greimas fut bien, dès le début des années 60, le vrai continuateur de Hjelmslev et de Saussure dans l'étude des significations, il vint à la théorie du langage par un parcours personnel très atypique. Rien, aux alentours de 1933, ne semblait destiner à la linguistique française ce jeune Lituanien de seize ans, qui avait appris en autodidacte la langue allemande afin de pouvoir lire Nietszche. Il était bien résolu à faire son droit et ne savait pas un mot de français. L'engagement de Greimas dans la recherche sémiotique naquit, en apparence du moins, d'une série de hasards provoqués par le poids de l'histoire dans cette région du monde, à la fin des années 30. Le premier de ces hasards fut la bourse obtenue pour venir apprendre le français, à Grenoble, en 1936, à la suite du changement de politique du gouvernement lituanien à l'égard d'Hitler. Le deuxième « hasard » historique fut la déportation de ses parents par les Soviétiques, en 1944, qui contraignit à l'émigration le jeune professeur de géographie qu'il était devenu.

Dès son arrivée à Paris en 1945, il s'inscrivit pour une thèse en lexicologie auprès de Ch. Bruneau, « thèse de commande » qu'il ne jugea donc pas digne de la publication. Au cours de ce travail, il devait se lier avec deux autres lexicologues, G. Matoré et B. Quémada. La discipline était à refonder ; ils se mirent à lire (avant qui que ce soit chez les linguistes) Saussure et J. Trier. Aussitôt après la soutenance de *La mode en 1830. Essai de description du vocabulaire vestimentaire d'après les journaux de mode de l'époque* (1949), ce fut le départ pour Alexandrie où on proposait à Greimas un poste de maître de conférences à la Faculté des Lettres, et où il allait assurer le cours d'histoire de la langue française.

Un mois après Greimas, R. Barthes et Ch. Singevin arrivaient à Alexandrie, venant de Bucarest. Ce petit groupe fut le noyau d'un cercle amical de lectures et de débats sur l'épistémologie qui fonctionna durant plus de sept ans, nonobstant le retour à Paris de Barthes, au bout de la première année : les discussions se poursuivaient l'été en France, dans une villa louée à Villefranche. D'une réunion à l'autre, on découvrait Jakobson, Hjelmslev, Lévi-Strauss, Mauss, Lacan ou Merleau-Ponty (etc.) en faisant parfois venir à grands frais quelques livres récents, de France et des Etats-Unis.

Puis ce fut Ankara avec d'autres amitiés intellectuelles et la découverte de la logique de Reichenbach. Au cours d'un colloque d'été à Besançon, en 1960, Greimas fit deux rencontres linguistiques importantes en la personne de M. A. K. Halliday et K. Heger. Il décida alors de s'associer à J. Dubois, J.-C. Chevalier, H. Mitterand, dans leur tentative de dépoussiérer la linguistique française grâce à la fondation de la Société d'Etude de la Langue française (SELF) à laquelle participèrent aussi deux grands « patrons », R. L. Wagner et G. Gougenheim. Professeur à Ankara jusqu'en 1962, c'est à cette date qu'il fit son entrée officielle dans la hiérarchie universitaire française en tant que professeur à l'Université de Poitiers. L'année suivante, tout en assurant son enseignement à Poitiers[1], il donnait à l'Institut R. Poin-

1. Poitiers avait alors peu d'étudiants intéressés par des cours si nouveaux. Un seul poursuivit en sémiotique. Il s'agit de François Rastier.

caré de Paris[1] un cours de sémantique structurale, pre-mière version acceptée par lui du livre qu'il publia deux ans plus tard avec le même titre. De l'activité intense du Centre de Linguistique quantitative, naquit un projet de revue d'où devait sortir *Langages,* fondé avec R. Barthes, B. Pottier, J. Dubois, B. Quémada, N. Ruwet, et imaginé par Greimas selon la formule d'*Esprit* ou des *Temps modernes.* Cette revue débordait d'emblée la linguistique stricte pour inclure dans son surgissement tout le champ du sémiotique. C'est aussi à peu près à cette époque qu'ayant écrit sur Dumézil un article hyper-lévi-straussien (« La mythologie compa-rée ») dont personne ne voulait, Greimas eut l'inspira-tion de l'envoyer directement à C. Lévi-Strauss lui-même. Lévi-Strauss répondit à cet envoi et six mois plus tard Greimas se voyait nommé directeur d'études à l'Ecole des Hautes Etudes (1965)[2]. Dans ce havre voué à la recherche la plus libre, il pouvait enfin se consacrer totalement et comme il l'entendait, à sa théorie du lan-gage. Durant toutes les années suivantes, et jusqu'à la veille de sa mort, il anima désormais un « gros » sémi-naire, laboratoire extrêmement intense où furent testées les diverses mutations de la théorie.

1. Centre de linguistique quantitative où conférenciers et auditeurs étaient les jeunes turcs du renouveau des études linguistiques en France : outre Greimas, Pottier, Dubois, Gross, Ruwet, B. N. Grunig...
2. *New Literary History,* XX, 3, p. 542.

Chapitre I

SÉMANTIQUE STRUCTURALE
OU LA PREMIÈRE SYNTHÈSE (1966)

« L'ouvrage fondateur de ce qui allait devenir la sémiotique » (J.-C. Coquet, 1985) se présente comme un livre touffu, hardi, « Hénorme ! » selon G. Dumézil. A. J. Greimas avait déjà élaboré une première version de sa Sémantique lorsqu'en 1958, il fit venir à Alexandrie[1] la version anglaise des *Prolégomènes* de L. Hjelmslev. Le choc de cette lecture fut tel qu'il détruisit aussitôt les quelque 200 pages de son manuscrit.

« La rigueur, la simplicité du texte où il n'y avait pas un mot inutile, la transparence des concepts... Puisque tous les concepts sont interdéfinis, leur juxtaposition produit un drôle d'effet... Comme si en lisant tout était clair et que finalement le trop de clarté vous obscurcissait, ce qui obligeait à relire la phrase trois fois... cela me faisait penser à ces maisons de verre [...] et le tout avec cette sorte d'économie de moyens qui fait une écriture scientifique. »[2] De fait le texte de *Sémantique structurale* est très dominé par les références à Hjelmslev et Bröndal ; à la suite du « coup de bambou » intellectuel que représenta cette révélation des *Prolégomènes,* la lecture de Saussure passa au second plan ; elle était considérée en quelque sorte comme acquise (on se souvient de l'*Actualité du saussurisme* publié en 1956) et les idées-forces développées par les *Prolégomènes* (celles notamment de forme du contenu et d'analyse « objective », en tout cas distinctive du plan

---

1. Pour la « Bio-bibliographie » de Greimas, on se reportera au texte de Jean-Claude Coquet, in *Exigences et perspectives de la sémiotique,* Benjamins, 1985.
2. Entretiens avec l'auteur (inédits).

du contenu), furent exploitées pour un travail extrêmement concret — malgré les apparences.

Les premiers succès de *Sémantique structurale* sont dus à ses exemples d'analyses sémiques[1] qui ouvraient de larges perspectives, d'une part pour un renouvellement des études littéraires (en permettant d'*objectiver* les nuances ou de désambiguïser les *polysémies*[2]), et d'autre part, pour les recherches systématiques en lexicologie (avec toutes les applications qui étaient envisagées dès ce moment-là en Histoire, dans l'enseignement des langues ou dans les premières analyses de textes publicitaires).

Mais ces succès, finalement presque anecdotiques, ont parfois risqué de faire méconnaître l'ampleur réelle de ce très grand livre où d'autres idées-forces de la sémiotique, appartenant en propre à Greimas, tentaient leur chance. A vrai dire, toute la base axiomatique et l'ensemble des hypothèses qui devaient être exploitées par Greimas, tout au long de son existence de chercheur, ont leur place marquée dans cet ouvrage qui embrasse l'épistémologie, la théorie et la pratique sémiotique. Puisque cet ensemble est présenté ailleurs[3] d'une façon systématique, nous nous bornerons à énumérer ici les grands axes de cette œuvre tout en sachant bien que la condensation des travaux de Greimas tentée ici ne sera compréhensible que pour ceux qui, d'une manière ou d'une autre, se donneront une plus ample connaissance de cette œuvre.

Sur le plan de la *pratique*, « un échantillon de description » inaugure pour l'ensemble de l'univers imaginaire de Bernanos ce que *Maupassant* (1976) réalisera magistralement pour la seule nouvelle des « Deux amis » : une démonstration de la valeur heu-

1. Mise en évidence des traits sémantiques distinctifs, grâce au repérage des oppositions, plus ou moins latentes, privilégiées par le texte.
2. Terme forgé par M. Bréal (le maître de Saussure à la Sorbonne et au Collège de France) pour désigner l'extrême labilité des rapports sémantiques et le fait que chaque mot est susceptible de signifier, dans un même contexte, en un même moment, un vaste ensemble de sens éventuellement contradictoires.
3. Anne Hénault, *La sémiotique*, « Que sais-je ? » (à paraître).

ristique[1] des nouveaux concepts inventés par la théorie, ceux notamment d'isotopie, de structure élémentaire de la signification, de sémèmes et de combinatoire sémique.

Sur le plan de la *théorie,* l'ensemble des concepts que nous venons d'énumérer sont considérés comme *opératoires* (il convient de les distinguer des concepts ordinaires, lesquels, le plus souvent, ont rang de simples hypothèses), et ont comme propriété d'être totalement reliés entre eux parce qu'ils se définissent réciproquement : ils sont interdéfinis et fondés en dernier ressort sur un nombre très restreint d'axiomes explicitement posés. La notion de « théorie » prend chez Greimas une valeur éminemment descriptive, se caractérise par son aptitude à réaliser des analyses concrètes, en rigoureuse cohérence avec la base épistémologique. Donc, dans le contexte greimassien, la théorie ne s'oppose pas à la pratique, la théorie proprement dite est une méthodologie axiomatisée qui ne vaut que par la pratique, tandis que le niveau épistémologique de la théorie est ce qui fonde intellectuellement la méthode.

Sur le plan de l'épistémologie, *Sémantique structurale* met en œuvre le projet soutenu devant la SELF[2] de déplacer désormais l'effort de recherche, des structures superficielles, phrastiques et interphrastiques[3] qui faisaient l'objet de la linguistique proprement dite aux structures transphrastiques qui assureraient à un niveau plus pro-

---

1. C'est-à-dire du gain d'intelligibilité qu'ils entraînent.
2. SELF : Société d'Etude de la Langue française créée en 1960 par un groupe de chercheurs comprenant notamment J. Dubois, J.-C. Chevalier, R. Barthes, A. J. Greimas, Gougenheim, Wagner. Nous faisons allusion ici à la communication de Greimas, lors de la séance du 19 novembre 1966.
3. Phrastique : analyse des constituants de la phrase et des schémas de phrases. Interphrastique : étude des marqueurs linguistiques des relations entre les phrases. Transphrastique : étude fondée sur la reconnaissance du fait que le discours est régi par toutes sortes de règles logico-sémantiques qui échappent au cadre formel de la phrase.

fond, la cohérence du discours. Par le travail de « réduction et de structuration » de *La morphologie du conte populaire,* qu'il avait mené avec le souci de « prolonger l'effort de formalisation de Propp » (A. J. G., 1965), Greimas s'était donné les moyens intellectuels d'aborder cette question, capitale et jusqu'alors parfaitement inexplorée. En effet, son effort d'appliquer aux conclusions de Propp le mot d'ordre alors incontournable de C. Lévi-Strauss l'avait conduit rapidement à une impasse dont il avait pu sortir de la manière suivante : C. Lévi-Strauss recommandait de se dégager à tout prix de l'illusion réaliste à laquelle succombait Propp en se consacrant aux études d'enchaînements narratifs, c'est-à-dire à ce qui conditionne l'ordre d'apparition des séquences (analyse des relations syntagmatiques). Si on voulait faire œuvre de scientifique, il fallait, au contraire, se concentrer sur les relations plus abstraites qui permettaient d'opposer telle partie du texte à telle autre, parce qu'elles étaient fondées sur le développement et l'expansion de traits distinctifs, catégoriquement opposés. Ce travail aboutissait à constituer des classes d'éléments (des paradigmes), semblables à l'intérieur d'une même classe, distincts de la même façon par rapport aux éléments de la classe opposée. Ainsi la mise en paradigme de *La morphologie* de Propp conduisait à voir que le conte populaire associait toujours les oppositions ordre/mandement *vs* interdiction/prohibition et obéissance *vs* désobéissance. Cet univers sémantique se caractérisait par la création d'un rapport spécifique entre ces deux groupes d'oppositions.

La difficulté majeure, pour Greimas, était que cette façon de travailler revenait à s'aveugler sur les contraintes (syntagmatiques) du type *d'abord* vs *ensuite*[1] : *d'abord*

---

1. Un texte antérieur à *Sémantique structurale,* publié en 1963, puis repris dans *Du sens,* en 1970 : *La mythologie comparée* est plus explicite sur ce point. Voir notamment *Du sens,* p. 130.

(interdiction) — *ensuite* (transgression) ou *d'abord* (affrontement) — *ensuite* (victoire) qui surdéterminaient les oppositions observées, selon une logique qui semblait la caractéristique même du narratif.

A l'issue de nombreuses analyses[1], Greimas en vint à définir la macro-unité *épreuve* qui entrait dans une classe *paradigmatique* de trois épreuves et qui néanmoins affichait de deux manières ses surdéterminations *syntagmatiques*. D'une manière externe, en ce que l'ordre logique et chronologique des trois épreuves, *qualifiante, principale, glorifiante* ne pouvait pas être modifié et d'une manière interne, en ce que la composition de chacune des épreuves (identique pour toutes, d'où leur constitution en classes) était elle-même régie par un ordre syntagmatique strict : *d'abord mandement-assignation d'une tâche, ensuite réaction-acceptation du héros ; puis d'abord affrontement-combat, ensuite victoire-réussite* ; enfin *conséquence*. Greimas parvenait ainsi à trouver la solution qui permettait de résoudre le dilemme (probablement surévalué à l'époque) entre les deux démarches, paradigmatique ou syntagmatique[2]. Il utilisait la représentation paradigmatique de l'action inaugurée par Lévi-Strauss, mais en montrant qu'on devait en réalité paradigmatiser les relations syntagmatiques elles-mêmes. Par-delà les innombrables fragments de doxas et de concepts empruntés — ou inventés — qui s'amoncellent dans *Sémantique structurale*, par-delà les si nombreuses pistes qui furent ainsi explorées, c'est en ce point précis qu'on pourrait situer la première synthèse originale de Greimas, celle qui singularise cet ouvrage et lui donne une position surplombante dans l'ensemble de son œuvre.

---

1. Voir *La sémiotique, op. cit.*, 1ʳᵉ partie.
2. Les non-linguistes qui se soucieraient d'évaluer les questions de méthode engagées derrière cette distinction, peut-être byzantine à leurs yeux, auraient intérêt à consulter le *Dictionnaire Ducrot-Todorov*, p. 139-146.

Chapitre II

LES PARCOURS
DE TRANSPOSITIONS DES CONTENUS
OU LA DEUXIÈME SYNTHÈSE
(1966-1979)

Sémantique structurale juxtaposait deux ensembles théoriques apparemment hétérogènes. D'un côté, tout ce qui concerne la structure élémentaire de la signification (p. 18-171) s'intéresse, comme la phonologie pragoise, aux diverses sortes d'oppositions catégoriques. De l'autre côté, les réflexions sur les modèles actantiels et sur les modèles transformationnels (172-221) dérivent d'une réduction et d'une structuration de Propp mettant en évidence d'une part une liste de six *actants*[1] (Sujet-Objet ; Destinateur-Destinataire ; Adjuvant-Opposant) et d'autre part, un schéma de déroulement des actions constamment observées dans le récit. Ce

---

1. Les *actants* sont les rôles « grammaticaux », définis par leur strict rapport à l'action, qui permettent au récit de représenter ce qui se passe. Leur nombre fort limité, leur inévitable présence dans tous les textes où il se passe quelque chose furent la découverte surprenante de ses années-là. Les personnages d'un récit (les *acteurs*) « incarnent » les actants en leur ajoutant des déterminations figuratives. Le grand progrès, par rapport aux intuitions de M. Bréal (*Essai de sémantique*, 1897), tient à ce qu'on a su constituer le catalogue restreint des rapports actifs qui confèrent à la narration la possibilité de représenter l'action. Ces rapports, saisis par le catalogue des actants, sont *prendre* (S-O), *donner* (Destinateur-Destinataire), *dominer* (Sujet-Opposant). Quand il énumère ses exemples au hasard, Bréal ne sait pas qu'il illustre, malgré lui, la règle ci-dessus.

schéma comprend, comme chacun sait (puisque ce modèle fut tellement diffusé) :

a) le parcours de qualification du sujet appelé épreuve qualifiante, où l'on voit souvent le héros conquérir de haute lutte l'épée ou le cheval magiques qui lui permettront d'entreprendre l'épreuve principale ;
b) l'action décisive, appelée épreuve principale, où le héros accomplit son mandat ;
c) l'épreuve glorifiante où il reçoit un satisfecit.

Logique quasi mathématique contre grammaire anthropomorphe : cette discordance apparente ne correspondait pas à une théorie acceptable du discours. Dès la parution de *Sémantique structurale,* et alors qu'on s'essayait à faire fonctionner les quelques outils analytiques qu'elle proposait, Greimas se concentrait sur ce nouveau problème épistémologique. La période 1966-1979 connut donc d'intenses réévaluations épistémologiques, visant à montrer comment les oppositions logiques binaires mises en évidence par la phonologie de Prague et par la Glossématique de Copenhague s'articulaient en fait — dans les parcours complexes de production de la signification —, avec les modèles anthropomorphes de la grammaire narrative.

C'était aussi le moment où la grammaire narrative s'affranchissait de l'analyse des récits figuratifs (contes, romans, mythes) pour étudier toutes sortes de discours sans personnages et qui néanmoins présentent une narrativité abstraite : discours juridique (avec E. Landowski, *Analyse sémiotique d'un discours juridique — la loi commerciale sur les sociétés et les groupes de sociétés* — 1971), discours spatial de l'urbanisme avec *Pour une sémiotique topologique,* où est narrativisé le texte-ville (1972), discours culinaire avec l'analyse de la programmation d'une recette de cuisine (*La soupe au pistou ou la construction d'un objet de valeur,* 1979)[1].

C'était enfin le moment où Greimas diversifiait considérablement les centres d'intérêt de la sémiotique : d'une part, en poursuivant ses propres réflexions sur l'écriture de l'Histoire ou les conditions de possibilité d'une sémiotique des cultures (ce qui se concrétisa par une série d'articles répartis entre *Du sens,* 1970 ; et *Sémiotique et sciences sociales,* 1976), et d'autre part, en suscitant autour de lui, de nombreuses recherches consacrées au discours religieux (CADIR, et groupe d'Entrevernes[2] notamment), au discours visuel (J.-M. Floch), au discours musical (E. Tarasti), à l'architecture (A. Rénier), à la psychothérapie (Y. Darrault). Pour accélérer la circulation des papiers de travail, un *Bulletin du Groupe sémiolinguistique* fut créé en 1977 (Anne Hénault) ; il devint l'une des deux séries des *Actes sémiotiques,* lorsque la publication de *Documents* fut confiée à Eric Landowski (1979).

Les grands textes de Greimas, durant cette période, prirent l'allure d'articles[3] d'une trentaine de pages, éclaircissant des points particuliers de la grammaire narrative ou de la théorie d'ensemble. Parmi les plus cités :

— « Les jeux des contraintes narratives » (avec F. Rastier, en 1968) où se voit dessinée la première mise en perspective des structures narratives par rapport aux structures logiques pro-

1. Les deux actants encore figuratifs que *Sémantique structurale* nommait Adjuvant et Opposant disparaissent et quatre grandes positions syntaxiques sont désormais installées à la place des personnages constants de Propp : Sujet-Objet, Destinateur-Destinataire, chacune d'entre elles étant susceptible de se déployer selon le quaterne de la nouvelle catégorie sémique. Par exemple, le récit actualise presque toujours le contraire du Sujet, son anti-sujet qui est la réécriture plus formelle de l'opposant.
2. Le CADIR (F. Genuyt, J. Calloud, L. Panier, J. Delorme) est le Centre d'Analyse du Discours religieux de Lyon qui publie en particulier la revue *Sémiotique et Bible.* Le groupe d'Entrevernes, dont certains membres sont aussi des animateurs du CADIR, a publié plusieurs importants ouvrages d'analyse du texte biblique, dont *Signes et Paraboles,* post-facé par Greimas (1979).
3. A l'exception du *Maupassant* (1976) qui est un livre suivi d'exercices pratiques consacré au très bref « Deux amis ».

fondés ainsi que la transformation de la catégorie sémique en carré sémiotique.

— « Conditions d'une sémiotique du monde naturel » (1968), lieu d'une réflexion pan-sémiotique sur la manière dont « le monde naturel » vient s'inscrire, sous la forme d'une sémiotique découpée et articulée par la perception, dans un dispositif complexe où « les catégories du plan de l'expression de la sémiotique naturelle correspondent à celles du plan du contenu de la sémiotique verbale » (*Langages*, 10, p. 13).

— « Eléments d'une grammaire narrative » (1969) qui déploie les composantes d'une grammaire narrative plus abstraite (au lieu des grandes unités que sont les épreuves, on étudie les énoncés narratifs et leurs combinaisons, c'est-à-dire très strictement, les parcours corrélés des sujets et des objets).

— « Un problème de sémiotique narrative : les objets de valeur » (1973) : cet article beaucoup plus concret et applicable que les précédents fut, avec l'autre grand article publié la même année, « Les actants, les acteurs et les figures », la voie d'accès privilégiée de bon nombre d'apprentis sémioticiens. Le premier propose une typologie des diverses formes de la communication de valeurs, fondée sur un examen serré des situations respectives des divers sujets en droit de posséder ces biens ; il observe ainsi les variations de l'acte de communication selon qu'il se passe, ou pas, avec le consentement du bailleur et selon la nature de ce consentement : si, par exemple, la reine d'Angleterre consent à transmettre la souveraineté au vice-roi des Indes, elle n'en reste pas moins souveraine : il s'agit là d'une *communication participative* qui n'entraîne pas la *dépossession* de celui qui donne, au contraire par exemple de la *renonciation*.

— « Les actants, les acteurs et les figures » distingue avec une grande netteté le plan plus abstrait et plus profond de ces forces agissantes que sont les *actants,* et le plan plus chargé d'investissements sémantiques qui est celui des *acteurs,* individués par leurs déterminations *figuratives.* Cet article marque une date en ce qu'il inaugure la recherche sur les modalités qui fera l'objet du séminaire de 1975.Les modalités sont ces déterminations d'allure verbale qui prennent pour objet un autre verbe, comme par exemple *vouloir* faire (les deux formes verbales ont nécessairement le même sujet, ce qui n'est pas le cas pour *voir faire* qui n'est pas une structure modale).

La réflexion sur les modalités est l'occasion d'une nouvelle unification théorique dans la mesure où l'acte décisif, celui qui change une situation et marque l'aboutissement partiel ou définitif d'un récit, est représenté lui aussi comme une structure modale : l'acte est ce qui *fait* être. C'est ainsi que la grammaire narrative apparaît de part en part comme une grammaire modale.

110

— « Pour une théorie des modalités » (1976) s'intéresse surtout aux combinatoires de structures modales qui permettent de qualifier syntaxiquement les sujets selon les rapports réciproques de leur vouloir, de leur devoir et de leur savoir-faire par rapport aux Destinateurs sociaux non figuratifs (la loi, la règle, les convenances) ou figuratifs (le roi Arthur, les voix de Jeanne d'Arc, l'Azur de Mallarmé ou le Dieu des divers livres sacrés).

Le développement de la problématique des *modalités* fit date dans l'histoire de la sémiotique dans la mesure où elle permettait de fragmenter à leur tour, en *parcours actantiels* plus précis, les *programmes de faire* ou *d'être* qui avaient permis d'articuler et décomposer ces grosses unités qu'étaient les *épreuves* du schéma canonique. D'autre part, elle fut ce qui autorisa la large extension des lectures narratives à des textes verbaux, plastiques ou comportementaux dont rien *a priori* ne permettait de penser qu'ils « racontaient une histoire ». On pouvait observer des indices de modalités virtualisantes (vouloir et devoir) ou actualisantes (pouvoir et savoir) aussi bien dans le comportement d'un enfant psychotique (se) refusant la parole que dans tel compte rendu d'expérience chimique ou biologique. Rétrospectivement, le schéma canonique des trois épreuves (qualifiante, principale, glorifiante) tiré de *La morphologie* de Propp était dès lors considéré comme un schéma idéologique, la mise en mémoire par le langage du *sens de la vie,* d'une sorte de savoir global sur les enchaînements d'actions qui font sens dans la vie d'un groupe ou d'un individu. Il était d'une généralité moins grande que le nouveau schéma en Manipulation, Action (elle-même articulée en acquisition de compétence, puis performance), Sanction, qui s'avérait applicable dans tous les cas (figuratifs ou pas) où on avait affaire à des représentations de changements d'états.

Nous avons vu comment *Sémantique structurale* était clivée entre, d'une part, la catégorie sémique qui était une structure oppositive simple du type positif *vs* négatif (p. 18-29), et, d'autre part, la structure oppositive complexe qui semblait résulter de la lecture paradigmatique du récit proppien telle que pouvait la pratiquer Lévi-Strauss et qui permettait de réunir et d'écrire les quatre fonctions mandement *vs* acceptation et interdiction *vs* transgression sous la forme de la proportion :

$$\frac{a}{\text{non-}a} = \frac{\text{mandement}}{\text{acceptation}} = \frac{\text{A} = \text{établis-}}{\text{du contrat}}^{\text{sement}} \quad vs \quad \frac{\bar{a}}{\overline{\text{non-}a}} = \frac{\text{interdiction}}{\text{transgression}} = \bar{\text{A}} = \frac{\text{Rupture}}{\text{du contrat}}$$

La version 1965 de ce texte parle ici de « manifestation d'une structure sémique élémentaire ». *Sémantique structurale* parle plus prudemment de « système sémique » (p. 195). Quoi qu'il en soit, on observe ici le point de départ d'une réflexion qui conduira à la synthèse majeure de cette période.

Les quatre termes ici confrontés s'opposent verticalement et horizontalement : mander, donner un ordre, est le contraire d'interdire ; accepter un ordre est le contraire de le transgresser. Mais mandement s'oppose également à accepter, comme commander à obéir ou formuler une interdiction à désobéir. On ne peut pas ne pas voir qu'ici aussi la catégorie sémique est à l'œuvre et donc que les fonctions distinguées par Propp relèvent de la même base logique que la catégorie sémique donnée comme élémentaire. Simplement, la complexification qu'apporte le narratif permet d'apercevoir : 1° Le fait qu'un seul et même terme peut projeter au même moment des oppositions tout à fait différentes (alors que le binarisme phonologique de Prague proposait l'alternative ou bien opposition de type privatif voisé *vs* non voisé, ou bien opposition de type qualitatif comme aigu *vs* grave : les paires phonologiques ne manifestaient pas la même complexité que les paires sémantiques pour lesquelles un tel binarisme s'avérait insuffisant) ;

112

2° Le fait que la proportion citée mettait en jeu beaucoup plus d'articulations dans la mesure où pour en rendre compte vraiment, il fallait accepter de voir que dans le récit proppien *a* et non-*a* étaient nécessairement le fait d'une première paire d'actants, ceux qui résolvaient les problèmes (Destinateur, sujet de faire), alors que interdiction *vs* transgression était plutôt le fait de ceux qui créaient les problèmes (sujets d'état). Cette dénivellation faisait apparaître clairement que si l'opposition A *vs* Ā à quoi on pouvait réduire cette portion de conte avait le même contenu, était isotope, les effets de sens qui étaient saisis par la proportion à quatre termes étaient comme une *transposition* plus complexe (enrichie d'articulations supplémentaires) du même espace de sens.

On peut suivre dans les articles que nous avons cités, le cheminement qui conduisit Greimas (en parallèle avec des travaux comme ceux de R. Blanché sur les structures intellectuelles[1]) à proposer de représenter par un carré, dit carré sémiotique[2], le dispositif d'oppositions, de complémentarités et d'implications qui pouvait se générer à partir d'une quelconque position sémique. Un tel ensemble logique appréhendé en dehors de tout domaine de sens particulier et apparemment universellement valable concrétisait et donnait à voir, pour la première fois peut-être, dans le domaine des sciences humaines, une authentique structure.

Les premiers carrés (1968) furent d'abord utilisés pour figurer spatialement la situation respective des quatre pôles distincts d'une même catégorie (par exem-

---

1. R. Blanché, *Structures intellectuelles. Essai sur l'organisation systématique des concepts,* Paris, Vrin, 1966. Le projet de Blanché était « d'expliciter et d'étudier, un mode de structuration essentiel, directement opéré par des opérations tout à fait élémentaires, sans lesquelles la pensée même la plus humble ne pourrait pas fonctionner ».
2. Cette figure est présentée et discutée dans *La sémiotique, op. cit.*

ple permis, interdit, non permis, non interdit), où se liraient les états successifs acquis par les étapes du récit. Mais à partir de 1971[1], Greimas observa aussi que ce même schématisme était ce qui permettait d'enregistrer non seulement les relations oppositives mais également les opérations qui les génèrent. Le carré pouvait dès lors représenter un processus évolutif, et le parcours du sujet opérateur des actes de transformations : le carré pouvait donc parfaitement rendre compte du schématisme narratif plus superficiel.

L'ensemble du mouvement d'application et de réduction opéré successivement par C. Lévi-Strauss, puis A. J. Greimas, parvenait ainsi à réaliser une nouvelle synthèse de la catégorisation paradigmatique de type logique à quoi avaient abouti les recherches de Prague et de Copenhague, avec la catégorisation syntagmatique de type grammatical de Propp[2]. De plus, cette représentation du parcours de constitution de la signification comme fait de niveaux isotopes se transposant, selon un processus continu, par des suppléments d'articulation, du niveau le plus profond (et le plus élémentaire) au niveau le plus superficiel (et le plus complexe), prenait valeur de théorie générale du discours. A chacun des niveaux postulés, de nouvelles procédures globales de mise en forme se succédaient et l'objectif de la sémiotique était précisément de rendre compte de ces diverses régularités : au niveau *profond,* on avait reconnu la pertinence du modèle constitutionnel (carré sémiotique), au niveau intermédiaire dit *narratif,* les structures caractéristiques de la narrativité

1. In *Analyse sémiotique d'un discours juridique,* Document de travail, 7, Urbino avec E. Landowski *et al.* Voir également à ce sujet l'entretien avec F. Nef, in *Structures élémentaires de la signification,* Complexe-PUF, 1976.
2. Le mouvement de pensée qui conduisait à cette nouvelle synthèse était donc analogue à celui qui avait produit la première synthèse. Simplement, le champ conceptuel s'était trouvé élargi, de la cohérence propre aux récits figuratifs à la cohérence globale du discours.

commandaient toute la constitution des énoncés[1], au niveau superficiel *discursif,* celui des acteurs et des figures de la temporalité et de la spatialité, on pouvait postuler de nouvelles régularités qui, à cette date, demeuraient obscures mais qui devenaient dès lors une priorité de la recherche.

En se dotant ainsi d'une théorie du discours qui était une réflexion sur son faire, en accord avec toutes les injonctions de Saussure, la sémiotique garantissait la cohérence de ses concepts opératoires, ce qui lui donnait une certaine avance sur les diverses linguistiques, moins solides épistémologiquement.

Elle pouvait, d'autre part, revendiquer comme un acquis ses descriptions des programmations de l'action puisqu'elle avait su créer des discontinuations plausibles dans le flux apparemment continu de la narration : chaque programme et chaque énoncé narratif formait une unité distincte et bien délimitée. Tous les acquis des vingt dernières années de cette recherche furent dûment consignés dans un instrument destiné à faire autorité, *Sémiotique, dictionnaire raisonné de la théorie du langage,* rédigé par A. J. Greimas et J. Courtès.

---

1. « La génération de la signification ne passe pas, d'abord, par la production des énoncés et leur combinaison en discours ; elle est relayée, dans son parcours, par les structures narratives et ce sont elles qui produisent le discours sensé articulé en énoncés », *Du sens,* p. 159.

Chapitre III

VERS UNE TROISIÈME SYNTHÈSE
(1980-1991)

La publication du *Dictionnaire* (1979) suscita tout à la fois et la satisfaction des chercheurs (qui voyaient enfin fixés et définitivement nommés tous les concepts dont ils avaient à faire usage) et leur insatisfaction dans la mesure où la forme classique de la théorie qui se stabilisait ainsi, en rigoureuse continuité avec toutes les propositions déjà incluses dans *Sémantique structurale,* ne correspondait déjà plus à l'avancement réel de la recherche. C. Zilberberg faisait circuler depuis longtemps ses travaux sur la tensivité et la phorie, J.-C. Coquet avait déjà beaucoup élaboré sa sémiotique du sujet, R. Thom et J. Petitot montraient la voie vers un schématisme des formes prégnantes et chacun avait des objections contre le modèle constitutionnel[1]. De son côté A. J. Greimas avait ouvert la voie à la contestation de cet ensemble théorique qui avait le grand tort à ses yeux de ne pas pouvoir saisir le vrai devenir[2], celui qui ne permet pas de fixer les moments, les points précis où s'opèrent les changements parce que ceux-ci sont totalement graduels. Le début des grands retournements se fit en sourdine, comme il

1. Voir notamment *Le Bulletin,* 17, 1981, « Le carré sémiotique ».
2. Voir à ce sujet le texte de B. Pottier : Un mal-aimé de la sémiotique : le devenir, in *Exigences et perspectives de la sémiotique,* p. 499-502.

arrive souvent : par le texte « Pour une sémiotique des passions », donné au *Bulletin*[1] afin de lancer les bases théoriques du premier séminaire sur ce thème qui occupa l'année 1978-1979.

Il ne serait peut-être pas absurde de soutenir qu'une troisième fois le même projet scientifique revenait à l'ordre du jour, celui de tenter de réduire la distance qui existait entre la reconstitution du mouvement (et de la dynamique des changements au moyen d'une théorie discontinue comme celle de la narrativité), et la saisie perceptive du sens vécu qui, au sein même de la langue, générait des phénomènes fluides et continus. Signe des temps : un article de 1983, « Le savoir et le croire : un seul univers cognitif », présentait pour la première fois une version *graduelle* du carré sémioti-que : l'acte épistémique *affirmer, refuser, admettre, dou-ter* ne passe pas par des contradictions, des étapes tranchées, distinctives, il saisit des moments se méta-morphosant par des plus et des moins. Il cesse donc d'être une de ces figures discontinuantes desquelles tant Saussure que Hjelmslev et Troubetzkoï atten-daient la mise à jour d'objets de savoir clairs et distincts. Une réflexion sur la manière dont un être, un objet, un lieu ou un moment se parent de valeur à nos yeux allait prolonger cette amorce de renouveau théorique[2].

Les dernières années du Séminaire à l'Ecole des Hautes Etudes furent donc consacrées au Vrai, au Bien et au Beau. Ces grands sujets ne furent évidem-ment pas traités d'un point de vue philosophique : on cherchait seulement à observer la manière dont « le

---

1. *Bulletin du groupe sémio-linguistique*, 6, 1978.
2. Le *Dictionnaire II* (1986), recueilli dans le même état d'esprit, fut in-terprété par quelques disciples chevronnés, comme une bizarre Saturnale. Tout prouve néanmoins que Greimas lui-même considéra attentivement les pistes et ouvertures que contenait cet ouvrage totalement rédigé par ses élèves *alias* l'école de Paris.

sujet en papier » sélectionne ses valeurs et plus généralement le fonctionnement des valeurs dans le discours.

Un des résultats des trois séminaires consacrés aux axiologies fut de montrer combien les trois systèmes de valorisations venus de l'Antiquité classique avaient des comportements *aspectuels* différents. Ainsi l'étude des morales classiques (morales du devoir, du désir ou du plaisir centrées sur le Bien) conduisait à accorder une importance particulière aux catégories aspectuelles de l'*excès* et de l'*insuffisance* (Potlach amérindien sous le signe de l'excès positif *vs* morale anglaise de la litote, insuffisance privilégiée) comme à celle du *modéré* (Le *Rien de trop* des Indo-Européens). L'année consacrée au Beau prouvait que l'esthétique avait quelque chose à voir avec les aspects *accompli* (le parfait) ou *inaccompli* (l'évanescent, l'inchoatif, etc.).

Il était apparu d'autre part que les aspects n'étaient guère appréhendables en termes catégoriques, binaires. Ils relevaient d'appréciations graduelles comme celles que tentait de mettre en place le fameux hexagone de Bröndal. Ou plutôt parce qu'ils étaient difficilement localisables, et constamment susceptibles de se délocaliser, ils échappaient apparemment à la discontinuation en unités discrètes comme étant toujours les uns par rapport aux autres de l'ordre du plus et du moins.

Ce moment de la recherche questionne toutes les acquisitions de la sémiotique depuis Saussure et conduira probablement à un réaménagement de la théorie visant à répondre à une des grandes questions laissées en suspens par le Gestaltisme latent de L. Hjelmslev : Que serait un continuum analysable ?

Les derniers travaux de Greimas s'efforçaient de réinterpréter en termes aspectuels (et non plus modaux) tout ce qui concernait la sphère du sentiment (le thymique) et de cerner à côté des aspectualisations du niveau discursif (les diverses manières de faire exister l'espace, le temps et l'allure des acteurs), les aspectualités profondes qui concernent les diverses valorisations.

Une autre question majeure sous-tendait tous ces efforts : parviendrait-on à fonder une sémiotique du passionnel ? Parviendrait-on à cerner de nouvelles grandes unités qui telles les épreuves du schéma narratif seraient le point de départ de découvertes formelles en cascade ? Trouverait-on ainsi une base théorique pour commencer à construire cette Métapsychologie que Freud appelait de ses vœux ?

Par la force des choses, l'œuvre de Greimas se clôt sur ces interrogations. Elles sont le programme d'études de l'école de Paris pour les années à venir.

CONCLUSION

I. Attendait-on que cette *Histoire de la sémiotique* commençât avec Aristote, Alain de Lille, Thomas d'Aquin ou les Modistes des XIIIe et XIVe siècles ? Fallait-il aussi faire sa place à Galien, le médecin ? La philosophie sémiotique cite ces médecins, grammairiens et philosophes antiques et médiévaux comme ses précurseurs : tout ce qui a un jour fait travail d'interprétation raisonné est ainsi convoqué (voir par exemple l'histoire de la sémiotique proposée par J. Deely dans *Introducing semiotic,* Bloomington, 1982).

Pour la théorie sémiotique qui a été ici présentée selon l'ordre historique, il ne convient pas de se lancer dans une quête tous azimuts de précurseurs. Le siècle qui vient de s'écouler a vu la découverte et l'élaboration d'idées sémiotiques, pour lesquelles il n'y avait pas de devanciers. Saussure et Hjelmslev l'ont proclamé avec la dernière énergie. Ils ont par avance dénoncé le « virus du précurseur », le préjugé d'anticipation qui méconnaît la cohérence interne du savoir d'un temps (G. Canguilhem, *Etudes d'histoire et de philosophie des sciences*).

II. Nous croyons avoir contribué à montrer comment l'enchaînement de découvertes sémiotiques qui s'est produit depuis la fin du siècle dernier, a fondé la singularité et l'autonomie de la sémiotique à partir de ce « point de non-retour » (F. Régnault in *Sur l'Histoire des sciences* de M. Fichant et M. Pécheux) qu'est l'ensemble de la méditation de Saussure sur la langue. Nous avons montré aussi comment L. Hjelmslev d'une part, et d'autre part N. Troubetzkoï et R. Jakobson ont prolongé et perfectionné le saussurisme. Nous avons dit quelques mots de l'apport des formalistes russes et du « structuraliste » V. Propp. Puis nous avons tenté de cerner la manière dont Greimas avait réinterprété et concrétisé tout cet ensemble théorique. Ce faisant, nous avons été contraints de simplifier beaucoup, d'accuser le trait, avec cette sorte d'injustice si fréquente dans l'écriture de l'histoire. Bien des noms sont à peine mentionnés qui pourtant auraient pu figurer ici, celui de Bröndal notamment, que sa phénoménologie sémiotique place actuellement dans le futur de la sémiotique, plutôt que dans son passé. Celui d'E. Buyssens également, qui eut beaucoup d'intuitions fortes, dans son opposition de l'intérieur au saussurisme.

III. L'ensemble des contenus d'un pareil exposé n'est pas à l'abri de controverses idéologiques. On le comprendra d'autant mieux si on se reporte aux *Essais sur l'Histoire de la sémiotique en URSS,* par V. V. Ivanov (1976) pour se rappeler l'obstacle idéologique qu'aura représenté, pour la réflexion soviétique, le point de vue synchronique de Saussure sur le système-langue, qu'on a pris longtemps pour une négation de l'historicité du langage. Ivanov montre également comment le Saussure autorisé alors en URSS n'était précisément pas le théoricien du *Cours de linguistique générale,* mais seulement le déchiffreur inquiet des anagrammes. Toute tentative strictement théorique, au sens où nous l'avons entendu, était proscrite. En revanche une philosophie sémiotique se développa beaucoup, faisant feu de tout bois, allant jusqu'à *récupérer* (c'est le reproche qui aura été fait à Ivanov), dans le domaine sémiotique, une pensée aussi radicalement opposée aux formalistes que celle de M. Bakhtine (1895-1975).

IV. Si les thèses de la sémiotique demeurent « sensibles » idéologiquement, elles sont également encore fragiles épistémologiquement, surtout pour leurs développements les plus récents. L'épreuve du temps consolidera ou au contraire éliminera comme illusoires ces vues qui ont mobilisé une part très active de la communauté des chercheurs, au cours des vingt dernières années. Or, même si l'Histoire devait disqualifier le carré sémiotique, même si les schémas de la narrativité devaient à leur tour subir une refonte radicale comme celle qui fut imposée à Propp, même si l'analyse du discours découvrait de tout autres cohérences, même s'il devait apparaître un jour que pour faire progresser la sémiotique, il aura fallu payer momentanément le prix d'un recul quant à la rigueur, comme il arriva quelquefois dans l'histoire des mathématiques (exemple de Bourbaki sur la mathématique grecque, *Eléments d'histoire des mathématiques*, p. 160 et sq.), il n'en reste pas moins que c'est à l'importance et à l'élévation du débat théorique animé par A.-J. Greimas tout au long de sa vie que la sémiotique devra d'avoir été activement définie comme une : « Théorie de la signification. Son souci premier sera d'expliciter, sous forme d'une construction conceptuelle, les conditions de la saisie et de la production du sens [...] » (*Dictionnaire,* 1979, p. 345).

Nous avons vu comment ces mots, vagues et creux en apparence, se sont remplis de sens par le développement même de la recherche et les déplacements successifs des concepts : la définition réelle de la théorie sémiotique, c'est son histoire. Faut-il conclure, en paraphrasant Jean Cavaillès, qu'il pourrait bien y avoir une objectivité fondée sémiotiquement, du devenir sémiotique ?

BIBLIOGRAPHIE

SUR HJELMSLEV

Travaux de V. Bröndal :

Essais de linguistique générale, Copenhague, 1943.

Travaux de L. Hjelmslev :

Essais linguistiques, Paris, Minuit, 1971 (abrégé en *EL*).
Le langage, Paris, Minuit, 1966.
Prolégomènes à une théorie du langage, Paris, Minuit, 1971, soit *Proleg.*
Nouveaux Essais, Paris, PUF, 1985.

Travaux du Cercle linguistique de Copenhague, *passim.*

Etudes sur l'école de Copenhague :

Umberto Eco, *Le signe,* 1988.
Herman Parret, *Pragmatique et sémiotique,* 1983.
Cl. Zilberberg, *Raison et poétique du sens,* Paris, PUF, 1989.

Numéros spéciaux de revues :

Langages, 6 : *La Glossématique.*
— 86 : *Actualité de Bröndal,* juin 1987.
Il Protagora, L. Hjelmslev, Linguistica, semiotica, epistemologia, anno XXV, 7-8, 1985.
Versus, 43, 1986.

SUR FORMALISTES RUSSES
ET STRUCTURALISTES PRAGOIS

Vladimir Propp, *Morfologia della fiaba (Con un intervento di Claude Lévi-Strauss e una replica dell'autore),* Torino, Einaudi, 1966.
— *Morphologie du conte,* Paris, Seuil, 1970.
— *Racines historiques du conte merveilleux,* Paris, Gallimard, 1983.
J. Bédier, *Les fabliaux,* Paris, 1894.
E. Benvéniste, *Problèmes de linguistique générale,* I et II, Paris, Gallimard, 197.
C. Brémond, *Logique du récit,* Paris, Seuil, 1973.
Th. Broden, *American Journal of semiotics,* 3/4, 1991.
Th. Budniakiewicz, *Fundamentals of story logic* (à paraître).
E. Buyssens, La linguistique synchronique de Saussure, *Cahiers F. de Saussure,* 18, 1961.
E. Cassirer, Structuralism in modern linguistics, *Word,* 1945.
Change, n° 3, 1969 ; n° 10, 1972, Paris, Seghers-Laffont.

J. Courtès, *Lévi-Strauss et les contraintes de la pensée mythique*, Mame, 1973.

— *Le conte populaire. Poétique et mythologie*, Paris, PUF, 1986.

G. Conio, *Le formalisme et le futurisme russes devant le marxisme*, Lausanne, L'Age d'homme, 1975.

V. Erlich, *Russian Formalism, History-doctrine*, Yale, 1954.

F. Gadet, M. Pêcheux, *La langue introuvable* (I, 16), Paris, Maspero, 1981.

Paul Garvin, *A Prague school study on esthetics, litterary structure and style*, Washington, 1958.

A. J. Greimas, Le conte populaire russe, analyse fonctionnelle, *International Journal of Slavic Linguistics and Poetics*, IX, La Haye, Mouton, 1965.

R. Jakobson, Linguistique et poétique, in *Essais de linguistique générale*.

— *Hypothèses*, Paris, Seghers-Laffont, coll. « Change », 1972.

— *Questions de poétique*, Paris, Seuil, 1975.

O. Jespersen, *The philosophy of Grammar*, Londres, 1924.

P. Larivaille, L'analyse morphologique du récit, in *Poétique*, 1974.

C. Lévi-Strauss, *Entretiens avec G. Charbonnier*.

— La structure et la forme, in *Anthropologie structurale*, II, Paris, Plon, 1973.

Parsons, Talcott et Edward Shils, *Towards a general theory of action*, Harvard, 1951.

Poétique, n° 3, 1970 ; n° 7, Paris, Seuil, 1971.

R. Robin, *Le réalisme socialiste : une esthétique impossible*, Payot, 1986.

G. Tarde, *La logique sociale*, Paris, 1898.

L. Tesnière, *Eléments de syntaxe structurale*, Paris, Klincksieck.

T. Todorov, *Théorie de la littérature*, Paris, Seuil, 1965.

N. S. Troubetzkoï, La phonologie actuelle, *in* Psychologie du langage, *Journal de Psychologie*, 30, 1933.

— *Principes de phonologie*, trad. franç. par J. Cantineau, Paris, 1949.

C. Zilberberg, *Raison et poétique du sens*, Paris, PUF, p. 19-39.

SUR L'ÉCOLE DE PARIS

Œuvres de Greimas :

A. J. Greimas, 1965, Le conte populaire russe (analyse fonctionnelle), *International Journal of Slavic Linguistics and Poetics*, 9, 152-175.

— 1966, *Sémantique structurale*, Larousse, puis reprint PUF à partir de 1986.

— 1970, *Du sens*, Seuil.

— 1976, *Sémiotique et sciences sociales*, Seuil.

— 1976, *Maupassant. La sémiotique du texte. Exercices pratiques*, Seuil.

— 1979, *Sémiotique. Dictionnaire raisonné de la théorie du langage*, Hachette Université (en collaboration avec J. Courtès).

— 1979, *Introduction à l'analyse du discours en sciences sociales*, Hachette Université.

— 1983, *Du sens*, II, Seuil.

— 1986, *Sémiotique. Dictionnaire raisonné de la théorie du langage*, 2, A. J. Greimas et J. Courtès, éd., Hachette Université.

— 1987, *De l'imperfection*, P. Fanlac.

— 1991, *Sémiotique des passions. Des états de choses aux états d'âme*, Seuil, avec J. Fontanille.

124

Les grands interlocuteurs :

R. Barthes, *Passim.*
R. Blanché, *Structures intellectuelles. Essai sur l'organisation systématique des concepts,* 1966.
V. Bröndal, *Passim.*
L. Hjelmslev, *Passim.*
C. Lévi-Strauss, *Anthropologie structurale,* I et II.
— *Mythologiques,* Plon.
M. Merleau-Ponty, *Passim.*
V. Propp, *Morphologie du conte populaire.*
H. Reichenbach, *La philosophie scientifique,* Hermann, 1932.
— *Introduction à la logistique,* 1939.
F. de Saussure, *Passim.*

Entretiens, introductions, monographies :

Actes sémiotiques (Bulletin et Documents), Passim.
J.-C. Coquet, *Le discours et son sujet,* 1984-1985.
J. Courtès, *Lévy-Strauss et les contraintes de la pensée mythique,* Paris, Mame, 1973.
— *Introduction à la sémiotique narrative et discursive,* Hachette Université, 1976.
— *Le conte populaire : poétique et mythologie,* PUF, 1984.
J. Fontanille, *Le savoir partagé : sémiotique et théorie de la connaissance chez Marcel Proust,* Hadès, 1987.
Groupe d'Entrevernes, *Analyse sémiotique des textes. Introduction : théorie pratique,* PUL, 1979.
A. Hénault, *Les enjeux de la sémiotique,* PUF, 1979. *Narratologie, sémiotique générale,* Les enjeux de la sémiotique, 2, PUF, 1983.
E. Landowski, *La société réfléchie. Essai de socio-sémiotique,* Seuil, 1989.
F. Nef, *Structures élémentaires de la signification,* Complexe/PUF, 1976.
H. Parret, *Discussing language,* Mouton, 1974.
F. Rastier, *Essais de sémiotique discursive,* Mame, 1973.
— *Sémantique interprétative,* PUF, 1987.
— *Sémantique et recherches cognitives,* PUF, 1991.
P. Ricœur, La grammaire narrative de Greimas, in *Actes sémiotiques,* II, 15, 1980.

Recherches documentaires :

Th. Budniakiewicz, Conceptual Survey of Narrative Semiotics, *Dispositio,* III, 7-8, 1978.
Langue française, *Vers une histoire sociale de la linguistique,* n° 63, 1984.
S. Auroux, J.-C. Choul, *Matériaux pour une histoire des théories linguistiques,* PUL, 1984.
Exigences et perspectives de la sémiotique, recueil d'hommages pour A. J. Greimas, Benjamins, 1985.

TABLE DES MATIÈRES

Introduction   3

PREMIÈRE PARTIE
SAUSSURE ET LA SÉMIOLOGIE

Chapitre I — **D'inextricables contrariétés**   9

Chapitre II — **Le projet scientifique**   26

Chapitre III — **La singularité linguistique**   37

Bibliographie   54

DEUXIÈME PARTIE
DU LINGUISTIQUE
AU SÉMIO-LINGUISTIQUE

Chapitre I — **L. Hjelmslev ou la manière de concrétiser par l'abstraction**   55

Chapitre II — **Des formalistes russes aux structuralistes pragois**   78

TROISIÈME PARTIE
DU SÉMIO-LINGUISTIQUE
AU SÉMIOTIQUE :
L'ÉCOLE DE PARIS

Chapitre I — **Sémantique structurale ou la première synthèse (1966)**   102

Chapitre II — **Les parcours de transpositions des contenus ou la deuxième synthèse (1966-1979)**   107

Chapitre III — **Vers une troisième synthèse (1980-1991)**   116

Conclusion   120

Bibliographie   123

127

Imprimé en France
Imprimerie des Presses Universitaires de France
73, avenue Ronsard, 41100 Vendôme
Août 1997 — N° 41 060